Level Up!
Russian
Stories
Book 2

lingualism

ISBN: 978-1-962752-18-3

Written by Artem Orlov

Edited by Polina Volkova and Matthew Aldrich

website: www.lingualism.com

email: contact@lingualism.com

Table of Contents

Introduction

Welcome to "Level Up!", a unique approach to reading in Russian. This series is designed specifically for adult learners, offering culturally authentic stories that explore Russian life, history, and traditions. Each book in the series contains six original stories, with every story presented in four versions corresponding to CEFR levels A1 through B2.

The innovative format of "Level Up!" emerged from learner feedback on our "One Thousand and One Nights" Arabic series, where readers who purchased both elementary and intermediate books found that reading the elementary version helped them build confidence and skills to tackle the intermediate version. This led us to develop a new approach: presenting all four versions of each story together, allowing learners to experience how complexity builds naturally while maintaining the same core narrative.

Why is this approach effective? When you read the A1 version of a story first, regardless of your current level, you build a strong foundation of basic vocabulary and story comprehension. As you progress through the versions, you'll recognize familiar elements while encountering new vocabulary and more complex structures gradually rather than feeling overwhelmed by them all at once.

Each story in this collection has been carefully crafted to reflect authentic Russian experiences and perspectives. From modern life to historical experiences such as life in Soviet prison camps, these stories provide not just language practice but also deep cultural insights. The adult-oriented themes ensure that the content remains engaging and relevant to mature learners.

Throughout the book, you'll find helpful features to support your learning journey. Before each story group, an Introduction provides cultural context, followed by Key Vocabulary that you'll encounter across the different versions. Every story includes accompanying audio, with slower, clearer pronunciation for A1/A2 versions and more natural pacing for B1/B2.

How to Use This Book

The unique format of "Level Up!" has been carefully designed to support your learning journey. Here's how to make the most of its features:

Story Versions and Layout

Each story appears in four versions, with layouts specifically designed for different learning needs. All versions feature subtle accent marks on the Russian text to indicate word stress, helping learners achieve accurate pronunciation.

A1 Version:

- o Three-column format (Russian, English translation, Phonemic Transcription)
- o The phonemic transcription helps beginners connect sounds to Russian script when there is doubt
- o Short, simple sentences with basic vocabulary

A2 Version:

- o Two-column format (Russian and English only)
- o Phonemic transcription is removed to encourage direct reading of Russian
- o Slightly longer sentences with expanded vocabulary

B1 Version:

- o Single-column format with English following each paragraph
- o More complex sentence structures
- o Quick reference to translation while maintaining focus on Russian

B2 Version:

- o   Russian text with English on following page
- o   Most complex structures and vocabulary
- o   Translation placement encourages independent reading

Reading Strategy

We recommend starting with the A1 version of each story, regardless of your current level. This approach helps you:

- o   Build confidence with the basic narrative
- o   Establish core vocabulary
- o   Recognize story elements that will appear in higher levels
- o   Progress naturally to more complex versions when ready

Vocabulary and Cultural Notes

- o   Before each story group, you'll find:
- o   An Introduction providing cultural context
- o   Key Vocabulary listing important words and expressions
- o   These sections help prepare you for all versions of the story

Audio Recordings

Each version has accompanying audio tracks:

- o   A1/A2 recordings are slower and clearer, with appropriate pauses
- o   B1/B2 recordings maintain clarity while using more natural pacing
- o   Use recordings to practice listening comprehension and pronunciation
- o   Listen while reading to reinforce learning

Remember, the goal is to read for pleasure and understanding. Don't feel pressured to move to a higher level version until you're comfortable. Each version offers valuable learning opportunities, and the familiar content helps you focus on new language features as they're introduced.

Visit www.lingualism.com/audio, **where you can find the free accompanying audio to download or stream (at variable playback rates).**

Последний спектакль в Большом

The Last Performance at the Bolshoi

Behind the grand curtain of Moscow's Bolshoi Theatre (Большо́й теа́тр), where prima ballerinas (при́ма-балери́ны) have danced Swan Lake (Лебеди́ное о́зеро) for generations, tradition and innovation have always performed a delicate pas de deux. In the world of Russian ballet, where every movement is steeped in history and every ballet variation (вариа́ция) tells a story, what happens when classical Moscow technique meets the untamed spirit of Siberia? This tale explores not just the passing of the torch from one generation to another but the evolution of art itself.

Key Vocabulary

- Большо́й теа́тр - Bolshoi Theatre (Russia's most prestigious theater)

- прима-балери́на - prima ballerina (principal female dancer)

- пуа́нты - pointe shoes (ballet shoes)

- кордебале́т - corps de ballet (ensemble dancers)

- худо́жественный руководи́тель - artistic director

- гримёрная - dressing room

- Пари́жская о́пера - Paris Opera

- вариа́ция - variation (solo dance piece)

- "Умира́ющий ле́бедь" - The Dying Swan (famous ballet solo)

- Фо́кин - Fokine (famous Russian choreographer)

- Петипа́ - Petipa (legendary ballet master)

- соли́стка - soloist (featured dancer)

- па - pas (dance step)

- репети́ция - rehearsal

- премье́ра - premiere

- афи́ша - theater poster/program

- гастро́ли - tour (traveling performances)

- педаго́г - ballet teacher

- тру́ппа - company (theater ensemble)

Последний спектакль в Большом	The Last Performance at the Bolshoi	Poslédniy spektákl' v Bol'shóm
Áнна – балерина в Большом театре. Она танцует двадцать лет. Áнна очень хорошая балерина.	Anna is a ballerina at the Bolshoi Theater. She has danced for twenty years. Anna is a very good ballerina.	Ánna – balerína v Bol'shóm teátre. Oná tantsúyet dvátsat' let. Ánna óchen' khoróshaya balerína.
Сейчас Áнна должна выбрать: ехать в Париж или остаться в Москве. В Париже она будет учить молодых балерин. Там хорошая работа и красивая квартира.	Now Anna must choose: go to Paris or stay in Moscow. In Paris, she will teach young ballerinas. There is good work and a beautiful apartment there.	Seychás Ánna dolzhná výbrat': yékhat' v Parízh íli ostátsya v Moskvé. V Parízhe oná búdet uchít' molodýkh balerín. Tam khoróshaya rabóta i krasívaya kvartíra.
В театре Áнна видит новую девушку. Её зовут Маша. Маша приехала из Сибири. Она очень хорошо танцует, но по-другому. Не как в Москве.	At the theater, Anna sees a new girl. Her name is Masha. Masha came from Siberia. She dances very well, but differently. Not like in Moscow.	V teátre Ánna vídit nóvuyu dévushku. Yeyó zavút Másha. Másha priékhala iz Sibíri. Oná óchen' khoroshó tantsúyet, no po-drugómu. Ne kak v Moskvé.

Ма́ша живёт далеко́ от теа́тра. У неё ма́ло де́нег. Она́ рабо́тает в кафе́ и пото́м идёт на репети́цию. Ма́ша о́чень устаёт.	Masha lives far from the theater. She has little money. She works in a café and then goes to rehearsal. Masha is very tired.	Másha zhivyót dalekó ot teátra. U neyó málo déneg. Oná rabótayet v kafé i potom idyót na repetítsiyu. Másha óchen' ustayót.
Одна́жды ве́чером А́нна ви́дит: Ма́ша танцу́ет одна́ и пла́чет.	One evening Anna sees: Masha dances alone and cries.	Odnázhdy vécherom Ánna vídit: Másha tantsúyet odná i pláchet.
"Почему́ ты пла́чешь?" – спра́шивает А́нна.	"Why are you crying?" asks Anna.	"Pochemú ty pláchesh'?" – spráshivayet Ánna.
"Я о́чень люблю́ танцева́ть. Но здесь тру́дно," – говори́т Ма́ша.	"I love to dance very much. But it's difficult here," says Masha.	"Ya óchen' lyublyú tantseváť'. No zdes' trúdno," – govorít Másha.
А́нна ду́мает и пи́шет письмо́ в Пари́ж: "Спаси́бо. Но я остаю́сь в Москве́. Я бу́ду учи́ть Ма́шу."	Anna thinks and writes a letter to Paris: "Thank you. But I'm staying in Moscow. I will teach Masha."	Ánna dúmayet i píshyet pismó v Parízh: "Spasíbo. No ya ostayús' v Moskvé. Ya búdu uchíť' Máshu."

Тепе́рь А́нна и Ма́ша вме́сте. А́нна у́чит Ма́шу танцева́ть. А Ма́ша пока́зывает, как танцу́ют в Сиби́ри.

Now Anna and Masha are together. Anna teaches Masha to dance. And Masha shows how they dance in Siberia.

Tepér' Ánna i Másha vméste. Ánna úchit Máshu tantsevát'. A Másha pokazývayet, kak tantsúyut v Sibíri.

Ско́ро в теа́тре но́вый спекта́кль. Ма́ша танцу́ет гла́вную роль. А́нна смо́трит и улыба́ется. Она́ ра́да, что оста́лась в Москве́.

Soon there's a new performance at the theater. Masha dances the main role. Anna watches and smiles. She is happy she stayed in Moscow.

Skóro v teátre nóvyy spektákl'. Másha tantsúyet glávnuyu rol'. Ánna smótrit i ulybáyetsya. Oná ráda, chto ostálas' v Moskvé.

Последний спектакль в Большом

The Last Performance at the Bolshoi

Áнна Пáвлова двáдцать лет танцевáла в Большóм теáтре. Все знáли – онá лýчшая балерина Росси́и. Но сейчáс ей сóрок лет, и пришлó врéмя уходи́ть со сцéны.

Anna Pavlova danced at the Bolshoi Theater for twenty years. Everyone knew – she was Russia's best ballerina. But now she's forty, and it's time to leave the stage.

Дирéктор Пари́жской óперы прислáл ей письмó: "Приезжáйте к нам. Бýдете учи́ть молодых балери́н. Большáя зарплáта, краси́вая квартира в цéнтре Пари́жа."

The director of the Paris Opera sent her a letter: "Come to us. You will teach young ballerinas. Big salary, beautiful apartment in central Paris."

В свой послéдний мéсяц в теáтре Áнна уви́дела нóвую дéвушку. Мáша приéхала из мáленького гóрода в Сиби́ри. Онá танцевáла прекрáсно, но не так, как другúе в Большóм теáтре. В её тáнце былá какáя-то осóбая си́ла.

In her last month at the theater, Anna saw a new girl. Masha came from a small town in Siberia. She danced beautifully, but not like others at the Bolshoi Theater. There was some special strength in her dance.

"Кто э́та дéвушка?" – спроси́ла Áнна у дирéктора теáтра.

"Who is this girl?" Anna asked the theater director.

"Máша Ивано́ва. О́чень тала́нтливая, но... Понима́ете, у неё нет де́нег. Она́ живёт далеко́ от теа́тра, мно́го рабо́тает в кафе́. Мо́жет быть, ей лу́чше верну́ться домо́й."

"Masha Ivanova. Very talented, but... You see, she has no money. She lives far from the theater, works a lot in a café. Maybe it's better for her to go home."

Ве́чером А́нна смотре́ла, как Ма́ша репети́рует одна́. Де́вушка танцева́ла "Лебеди́ное о́зеро" и пла́кала. Она́ ду́мала, что её никто́ не ви́дит.

In the evening, Anna watched Masha rehearse alone. The girl was dancing "Swan Lake" and crying. She thought no one could see her.

"Почему́ ты пла́чешь?" – спроси́ла А́нна.

"Why are you crying?" asked Anna.

"Я не могу́ найти́ пра́вильные движе́ния. А ещё... я о́чень уста́ла. Рабо́таю в кафе́ до но́чи, пото́м репети́рую. Но я не могу́ уе́хать. Та́нец – э́то моя́ жизнь."

"I can't find the right movements. And also... I'm very tired. I work at the café until night, then rehearse. But I can't leave. Dance is my life."

А́нна до́лго смотре́ла на де́вушку. Пото́м доста́ла телефо́н и написа́ла имейл в Пари́ж: "Спаси́бо за предложе́ние. Но я остаю́сь в Москве́. У меня́ есть ва́жное де́ло."

Anna looked at the girl for a long time. Then she took out her phone and wrote an email to Paris: "Thank you for the offer. But I'm staying in Moscow. I have important work to do."

Тепе́рь А́нна и Ма́ша ка́ждый день репети́руют вме́сте. А́нна у́чит её всему́, что зна́ет сама́. А Ма́ша пока́зывает ей, как танцу́ют в Сиби́ри – свобо́дно и си́льно.

Now Anna and Masha rehearse together every day. Anna teaches her everything she knows. And Masha shows her how they dance in Siberia – freely and strongly.

Че́рез ме́сяц в Большо́м теа́тре но́вый спекта́кль. Ма́ша танцу́ет гла́вную роль. А А́нна сиди́т в пе́рвом ряду́ и улыба́ется. Она́ зна́ет – её после́дний спекта́кль был не концо́м, а нача́лом чего́-то но́вого.

In a month, there's a new performance at the Bolshoi Theater. Masha dances the main role. And Anna sits in the first row and smiles. She knows – her last performance wasn't an end, but a beginning of something new.

Последний спектакль в Большом
The Last Performance at the Bolshoi

Анна Павлова стояла у зеркала в своей гримёрной Большого театра. На стене висели афиши её лучших спектаклей – "Жизель", "Лебединое озеро", "Щелкунчик". Двадцать лет на главной сцене страны. Теперь пришло время уходить.

Anna Pavlova stood in front of the mirror in her Bolshoi Theater dressing room. Posters of her best performances hung on the wall – "Giselle," "Swan Lake," "The Nutcracker." Twenty years on the country's main stage. Now it was time to leave.

Она открыла имейл от директора Парижской оперы и перечитала его снова: "Дорогая Анна Сергеевна! Мы готовы предложить Вам должность художественного руководителя нашей балетной школы. Контракт на пять лет, квартира в 16-м округе Парижа, персональный класс. Ваш опыт и традиции русского балета бесценны для нас."

She opened the email from the Paris Opera director and read it again: "Dear Anna Sergeyevna! We are ready to offer you the position of artistic director at our ballet school. Five-year contract, apartment in Paris's 16th arrondissement, personal class. Your experience and the traditions of Russian ballet are invaluable to us."

"Это прекрасное предложение," – сказал ей директор Большого. – "Париж, новая жизнь. Ты заслужила это, Анна."

"It's a wonderful offer," the Bolshoi director told her. "Paris, a new life. You've earned this, Anna."

Но что́-то уде́рживало её от неме́дленного согла́сия. Возмо́жно, э́то была́ та стра́нная де́вушка, кото́рую она́ заме́тила вчера́ на репети́ции. Высо́кая сибиря́чка с необы́чной мане́рой та́нца – бо́лее свобо́дной, почти́ ди́кой, но завора́живающей.

But something held her back from immediate acceptance. Perhaps it was that strange girl she had noticed yesterday at rehearsal. A tall Siberian with an unusual manner of dancing – freer, almost wild, but mesmerizing.

Áнна нашла́ её в репетицио́нном за́ле по́здно ве́чером. Де́вушка танцева́ла вариа́цию Оде́тты, но не так, как у́чат в моско́вской акаде́мии. В её движе́ниях была́ кака́я-то се́верная си́ла, сло́вно она́ не пти́цу изобража́ла, а ду́ха тайги́.

Anna found her in the rehearsal hall late in the evening. The girl was dancing Odette's variation, but not as taught at the Moscow academy. There was some northern strength in her movements, as if she were portraying not a bird but a spirit of the taiga.

"Кто тебя́ учи́л так танцева́ть?" – спроси́ла Áнна.

"Who taught you to dance like that?" Anna asked.

"Ба́бушка. Она́ была́ хорео́графом в Краснoя́рске," – де́вушка смути́лась. – "Я Ма́ша. Ма́ша Ивано́ва. Зна́ю, что танцу́ю непра́вильно…"

"My grandmother. She was a choreographer in Krasnoyarsk," the girl became shy. "I'm Masha. Masha Ivanova. I know I dance incorrectly…"

"Не непра́вильно. Ина́че. Где ты живёшь?"

"Not incorrectly. Differently. Where do you live?"

"В хо́стеле на окра́ине. Рабо́таю официа́нткой, что́бы плати́ть за жильё и заня́тия. Но э́то ничего́, я справля́юсь."

"In a hostel on the outskirts. I work as a waitress to pay for housing and classes. But it's okay, I manage."

На сле́дующий день А́нна пришла́ к дире́ктору. "По́мнишь, ты говори́л, что теа́тру нужна́ но́вая програ́мма разви́тия? Я хочу́ созда́ть класс совреме́нной хореогра́фии. И у меня́ есть идеа́льная соли́стка."

The next day, Anna went to the director. "Remember how you said the theater needs a new development program? I want to create a modern choreography class. And I have the perfect soloist."

"Та сиби́рская де́вочка? А́нна, она́ же совсе́м не в сти́ле Большо́го..."

"That Siberian girl? Anna, she's not at all in the Bolshoi style..."

"И́менно поэ́тому. Бале́т до́лжен развива́ться. Мы не мо́жем ве́чно танцева́ть одно́ и то же."

"That's exactly why. Ballet must evolve. We can't dance the same things forever."

Ве́чером она́ написа́ла отве́т в Пари́ж: "Спаси́бо за прекра́сное предложе́ние. Но я нужна́ здесь. В Росси́и бале́т – э́то не про́сто иску́сство. Э́то спо́соб рассказа́ть свою́ исто́рию. И у нас появи́лась но́вая исто́рия."

In the evening, she wrote her response to Paris: "Thank you for the wonderful offer. But I'm needed here. In Russia, ballet is not just art. It's a way to tell your story. And we have a new story to tell."

Теперь Áнна и Мáша рабóтают вмéсте. Мáша ýчится классúческому стúлю, а Áнна открывáет для себя нóвые движéния. Чéрез мéсяц у них премьéра – совремéнная вéрсия "Лебедúного óзера", где классúческий тáнец встречáется с сибúрскими традúциями.

Now Anna and Masha work together. Masha learns the classical style, while Anna discovers new movements. In a month, they have a premiere – a modern version of "Swan Lake," where classical dance meets Siberian traditions.

В теáтре не все понимáют этот эксперимéнт. Но когдá Мáша выхóдит на сцéну, зал замирáет. В её тáнце – истóрия Россúи: стрóгая клáссика столúцы и свобóдный дух Сибúри, традúции прóшлого и энéргия бýдущего.

Not everyone at the theater understands this experiment. But when Masha takes the stage, the audience falls silent. In her dance is the story of Russia: the strict classics of the capital and the free spirit of Siberia, traditions of the past and energy of the future.

"Ты не жалéешь о Парúже?" – спросúл кáк-то дирéктор.

"Do you regret passing up Paris?" the director asked one day.

Áнна посмотрéла на Мáшу, репетúрующую нóвое па. "В Парúже я былá бы хранúтелем традúций. А здесь я создаю́ бýдущее."

Anna watched Masha rehearsing a new pas. "In Paris, I would have been a keeper of traditions. But here, I'm creating the future."

Последний спектакль в Большом

В гримёрной Большого театра пахло пуантами и историей. Анна Сергеевна Павлова провела рукой по корешкам старых альбомов – двадцать лет её жизни, запечатлённые в фотографиях, рецензиях, программках спектаклей. Каждый вечер она входила в эту комнату прймой, а выходила богиней. Но времена богинь проходят – в балете сорок лет это почти вечность.

“Что делать дальше?” – этот вопрос преследовал её последние месяцы. Предложение из Парижской оперы казалось идеальным ответом: престижная должность художественного руководителя, возможность передавать традиции русской школы, достойная оценка её опыта. Контракт был щедрым – пятикомнатная квартира в элитном районе, персональный водитель, даже членство в закрытом теннисном клубе.

“Мадам Павлова, мы не просто предлагаем вам работу,” – писал директор Оперы. – “Мы хотим, чтобы вы стали мостом между великими традициями русского балета и современным европейским искусством.”

Она почти решилась согласиться, когда судьба – или её чувство долга перед искусством – вмешалась в виде высокой девушки с сибирской грацией и нездешним взглядом.

The Last Performance at the Bolshoi

The Bolshoi Theater dressing room smelled of pointe shoes and history. Anna Sergeyevna Pavlova ran her hand along the spines of old albums – twenty years of her life captured in photographs, reviews, and performance programs. Every evening she entered this room as a prima ballerina and left as a goddess. But the time of goddesses passes – in ballet, forty years is almost an eternity.

"What next?" – this question had haunted her for the past few months. The offer from the Paris Opera seemed like the perfect answer: a prestigious position as artistic director, the opportunity to pass on Russian school traditions, worthy recognition of her experience. The contract was generous – a five-room apartment in an elite district, a personal driver, even membership in an exclusive tennis club.

"Madame Pavlova, we're not just offering you a job," wrote the Opera director. "We want you to become a bridge between the great traditions of Russian ballet and contemporary European art."

She had almost decided to accept when fate – or her sense of duty to art – intervened in the form of a tall girl with Siberian grace and otherworldly eyes.

Ма́ша Ивано́ва ворвала́сь в разме́ренную жизнь Большо́го как мете́ль с Енисе́я. А́нна впервы́е заме́тила её на о́бщей репети́ции. В после́днем ряду́ кордебале́та де́вушка танцева́ла "Умира́ющего ле́бедя" так, сло́вно никогда́ не ви́дела постано́вку Фокина́. Её движе́ния бы́ли стра́нной сме́сью класси́ческой шко́лы и како́й-то дре́вней, почти́ шама́нской пла́стики.

"Кто научи́л тебя́ так танцева́ть?" – спроси́ла А́нна по́сле репети́ции.

"Ба́бушка. Она́ всю жизнь преподава́ла в Краснoя́рске, ста́вила совреме́нные спекта́кли по моти́вам наро́дных леге́нд. Но э́то бы́ло давно́, ещё в сове́тское вре́мя. Пото́м всё закры́лось, и она́ верну́лась к кла́ссике."

Исто́рия Ма́ши оказа́лась типи́чной для провинциа́льных арти́стов: съёмная крова́ть в хо́стеле, рабо́та официа́нткой, бесконе́чные репети́ции в любу́ю свобо́дную мину́ту. Но бы́ло в ней что́-то осо́бенное – мо́жет быть, та са́мая сиби́рская си́ла, кото́рую не вы́травили ни уста́лость, ни бытовы́е тру́дности.

"Я зна́ю, что танцу́ю непра́вильно," – говори́ла Ма́ша. – "Педаго́ги постоя́нно де́лают замеча́ния. Говоря́т, на́до забы́ть всё, чему́ учи́ли до́ма, нача́ть с нуля́..."

"А ты не хо́чешь забыва́ть?"

"Не могу́. Когда́ я танцу́ю по-сво́ему, я чу́вствую связь с чем-то бо́льшим – с землёй, с пре́дками, с исто́рией. Э́то не про́сто движе́ния, э́то... па́мять те́ла."

Masha Ivanova burst into the Bolshoi's measured life like a blizzard from the Yenisei River. Anna first noticed her during a general rehearsal. In the last row of the corps de ballet, the girl danced "The Dying Swan" as if she'd never seen Fokine's choreography. Her movements were a strange mixture of classical school and some ancient, almost shamanic plasticity.

"Who taught you to dance like that?" Anna asked after rehearsal.

"My grandmother. She taught in Krasnoyarsk all her life, staging modern performances based on folk legends. But that was long ago, in Soviet times. Then everything closed, and she returned to classics."

Masha's story proved typical for provincial artists: a rented bed in a hostel, work as a waitress, endless rehearsals in every free minute. But there was something special about her – perhaps that very Siberian strength that neither fatigue nor daily hardships could erase.

"I know I dance incorrectly," Masha said. "The teachers constantly correct me. They say I need to forget everything I learned at home, start from scratch..."

"And you don't want to forget?"

"I can't. When I dance my way, I feel connected to something bigger – to the earth, to ancestors, to history. It's not just movements, it's... body memory."

Той ночью Áнна не спалá, просмáтривая вúдео с репетúции. В тáнце Мáши бы́ло что-то завораживающее – слóвно сквозь классúческие па пробивáлись дрéвние ритуáлы, бýдто самá прирóда Сибúри говорúла языкóм балéта.

Ýтром онá пришлá к худóжественному руководúтелю теáтра.

"Алексáндр Николáевич, пóмните наш разговóр о нóвом направлéнии развúтия теáтра? У меня́ есть идéя. Что éсли соединúть классúческий балéт с этнúческой плáстикой? Создáть чтó-то уникáльное, чего́ нет ни в Парúже, ни в Нью-Йóрке?"

"Э́то рискóванно, Áнна. Большóй – э́то традúции..."

"Традúции живýт, тóлько когдá развивáются. Инáче онú стáновятся музéйными экспонáтами."

Проéкт назвáли "Голосá Сибúри". Áнна отказáлась от парúжского контрáкта и пóлностью погрузúлась в рабóту. Мáша стáла не прóсто ученúцей – соáвтором нóвого направлéния. Её прирóдная плáстика, обогащённая классúческой тéхникой, создавáла удивúтельный эффéкт.

Не все прúняли эксперимéнт. Консерватúвная часть трýппы говорúла о "разрушéнии традúций". Нéкоторые крúтики писáли о "профанáции классúческого наслéдия".

"Вы увéрены, что не пожалéете о Парúже?" – спросúл дирéктор теáтра наканýне премьéры.

That night, Anna couldn't sleep, reviewing rehearsal videos. There was something mesmerizing in Masha's dance – as if ancient rituals were breaking through classical pas, as if the very nature of Siberia spoke through the language of ballet.

In the morning, she went to the theater's artistic director.

"Alexander Nikolaevich, remember our conversation about the theater's new direction? I have an idea. What if we combine classical ballet with ethnic plasticity? Create something unique, something that exists neither in Paris nor New York?"

"It's risky, Anna. The Bolshoi is about traditions..."

"Traditions live only when they develop. Otherwise, they become museum exhibits."

The project was called "Voices of Siberia." Anna declined the Paris contract and immersed herself completely in the work. Masha became not just a student – but a co-creator of the new direction. Her natural plasticity, enriched by classical technique, created an amazing effect.

Not everyone accepted the experiment. The conservative part of the troupe spoke of "destroying traditions." Some critics wrote about the "profanation of classical heritage."

"Are you sure you won't regret Paris?" the theater director asked on the eve of the premiere.

Анна посмотрела на сцену, где Маша репетировала новую версию "Лебединого озера". В её танце озеро превращалось в священные воды Байкала, а лебедь становился древним духом сибирской тайги.

"Знаете, в чём проблема современного балета?" – ответила она. – "Мы так боимся потерять традиции, что забываем, откуда они взялись. Петипа тоже был новатором для своего времени. Он создавал новое, а не просто копировал старое."

Премьера "Голосов Сибири" стала событием сезона. В первом акте Маша танцевала классическую партию Одетты, постепенно добавляя элементы сибирского фольклора. К финалу спектакля привычный академический балет превращался в удивительный синтез классики и этники.

Зал молчал несколько секунд после последнего аккорда. А потом разразился овациями.

"Это революция," – написал на следующий день главный балетный критик "Коммерсанта". – "Впервые за много лет Большой театр показал нам не музейный экспонат, а живое, дышащее искусство. В танце Марии Ивановой классический балет встречается с древними традициями Сибири, и от этой встречи рождается что-то подлинно новое."

Anna looked at the stage, where Masha was rehearsing a new version of "Swan Lake." In her dance, the lake transformed into the sacred waters of Baikal, and the swan became an ancient spirit of the Siberian taiga.

"You know what's wrong with modern ballet?" she replied. "We're so afraid of losing traditions that we forget where they came from. Petipa was also an innovator for his time. He created new things, not just copied old ones."

The premiere of "Voices of Siberia" became the event of the season. In the first act, Masha danced the classical part of Odette, gradually adding elements of Siberian folklore. By the finale, the familiar academic ballet had transformed into an amazing synthesis of classical and ethnic styles.

The hall was silent for several seconds after the last chord. And then erupted in ovations.

"This is a revolution," wrote the chief ballet critic of Kommersant the next day. "For the first time in many years, the Bolshoi Theater has shown us not a museum exhibit, but living, breathing art. In Maria Ivanova's dance, classical ballet meets ancient Siberian traditions, and from this meeting, something truly new is born."

Через неде́лю по́сле премье́ры А́нна получи́ла письмо́ от свое́й бы́вшей наста́вницы: "Де́точка, я ви́дела твой спекта́кль. Снача́ла хоте́ла возмути́ться – как мо́жно так обраща́ться с кла́ссикой! Но пото́м вспо́мнила, как в шестидеся́тые го́ды нас то́же руга́ли за любы́е отступле́ния от кано́на. Иску́сство живёт то́лько тогда́, когда́ ды́шит свобо́дно."

Тру́ппа постепе́нно приняла́ но́вое направле́ние. Да́же са́мые консервати́вные педаго́ги призна́ли, что слия́ние кла́ссики с этни́ческими тради́циями открыва́ет но́вые возмо́жности. Молоды́е танцо́вщики потяну́лись в класс А́нны и Ма́ши, жела́я осво́ить но́вую те́хнику.

"А вы зна́ете," – сказа́ла ка́к-то Ма́ша, разбира́я ста́рые афи́ши в гримёрной А́нны, – "моя́ ба́бушка мечта́ла о чём-то подо́бном. Она́ говори́ла, что настоя́щее иску́сство должно́ име́ть ко́рни, уходя́щие глубоко́ в родну́ю зе́млю."

А́нна улыбну́лась, гля́дя на но́вую афи́шу их спекта́кля: "Тепе́рь твоя́ ба́бушка мо́жет горди́ться. Мы не про́сто сохрани́ли тради́ции – мы да́ли им но́вую жизнь."

В конце́ сезо́на пришло́ но́вое письмо́ из Пари́жа. Теа́тр предлага́л привезти́ "Голоса́ Сиби́ри" на гастро́ли. "Нам интере́сен ваш о́пыт соедине́ния класси́ческого бале́та с этни́ческими тради́циями," – писа́л дире́ктор. – "Возмо́жно, э́то и́менно то, что ну́жно совреме́нному иску́сству."

A week after the premiere, Anna received a letter from her former mentor: "My dear, I saw your performance. At first, I wanted to protest – how dare you treat the classics this way! But then I remembered how in the sixties, we too were criticized for any deviation from canon. Art lives only when it breathes freely."

The troupe gradually accepted the new direction. Even the most conservative teachers admitted that merging classics with ethnic traditions opened new possibilities. Young dancers flocked to Anna and Masha's class, eager to master the new technique.

"You know," Masha said one day, sorting through old playbills in Anna's dressing room, "my grandmother dreamed of something like this. She said that real art must have roots that go deep into native soil."

Anna smiled, looking at the new poster for their performance: "Now your grandmother can be proud. We didn't just preserve traditions – we gave them new life."

At the end of the season, a new letter arrived from Paris. The theater offered to bring "Voices of Siberia" on tour. "We are interested in your experience of combining classical ballet with ethnic traditions," wrote the director. "Perhaps this is exactly what modern art needs."

Áнна показáла письмó Мáше. Та улыбнýлась: "Знáете, что забáвно? Мы хотéли сохранѝть традѝции, а сóздали нóвую."

"В э́том и есть настоя́щая традѝция," – отвéтила Áнна. – "Не консервѝровать прóшлое, а давáть емý нóвую жизнь."

Anna showed the letter to Masha. She smiled: "You know what's funny? We wanted to preserve traditions, and we created a new one."

"That's what real tradition is," Anna replied. "Not preserving the past, but giving it new life."

Сибирские письма
The Siberian Letters

Hidden in the vast Siberian taiga (тайга́), countless untold stories wait to be discovered. During the Soviet era, many Russians left secret caches near prison camps (лагеря́) - precious family heirlooms, documents, and letters that could reveal dangerous truths. Now, decades later, as Russians uncover their complex family histories, these buried treasures are slowly emerging from the forest. When a young Muscovite discovers her great-grandmother's mysterious letters and a hand-drawn map, what secrets will she find along an abandoned railway line in the depths of Siberia?

Key Vocabulary

o пи́сьма - letters (important historical documents in Russian culture)

o тайга́ - taiga (Siberian forest)

o ла́герь - camp (Soviet prison camp)

o краеве́дческий музе́й - local history museum (found in most Russian cities)

o шкату́лка - casket/jewelry box

o кедр - cedar

o праба́бушка - great-grandmother

o Сиби́рь - Siberia

o Томск - Tomsk (historic Siberian city)

o железнодоро́жная ве́тка - railway branch

o колю́чая про́волока - barbed wire

o дворя́нская семья́ - noble family (pre-revolutionary status)

o харби́нцы - Harbin Russians (Russian emigrants in China)

o ленд-ли́з - Lend-Lease (American aid program)

o спецпереселе́нцы - special settlers (category of exiles)

o нали́чники - window frames

o бара́к - barrack

o грунто́вка - dirt road

o узкоколе́йка - narrow-gauge railway

o штабна́я бума́га - military office paper

Сибирские письма	The Siberian Letters	Sibírskie písma
У Софьи есть старая коробка. В коробке – письма и карта. Это письма её прабабушки Татьяны.	Sofia has an old box. In the box are letters and a map. These are letters from her great-grandmother Tatiana.	U Sóf'i yest' stáraya koróbka. V koróbke – písma i kárta. Éto písma yeyó prabábooshki Tat'yány.
Татьяна жила в Сибири много лет назад. Она спрятала что-то важное около старой железной дороги. В письме она пишет: "Найди большое дерево и три камня. Там есть секрет."	Tatiana lived in Siberia many years ago. She hid something important near an old railway. In the letter she writes: "Find a big tree and three stones. There is a secret there."	Tat'yána zhilá v Sibíri mnógo let nazád. Oná spryátala chtó-to vázhnoye ókolo stároy zheléznoy dorógi. V pis'mé oná píshet: "Naydí bol'shóye dérevo i tri kámnya. Tam yest' sekrét."
Софья едет в город Томск на поезде. В Томске она встречает Романа. Он работает в музее и знает Сибирь хорошо.	Sofia takes a train to the city of Tomsk. In Tomsk, she meets Roman. He works in a museum and knows Siberia well.	Sóf'ya yédet v górod Tomsk na póyezde. V Tómske oná vstrecháyet Romána. On rabótayet v muzée i znáyet Sibír' khoroshó.

Russian	English	Transliteration
"Я помогу́ найти́ э́то ме́сто," – говори́т Рома́н.	"I will help find this place," says Roman.	"Ya pomogú naytí éto mésto," – govorít Román.
Они́ е́дут в лес на маши́не. Там хо́лодно и мно́го сне́га. Они́ и́щут ста́рую желе́зную доро́гу три дня.	They drive to the forest in a car. It is cold and there is lots of snow. They look for the old railway for three days.	Oní yédut v les na mashíne. Tam khólodno i mnógo snéga. Oní íshchut stáruyu zheléznuyu dorógu tri dnya.
"Смотри́те!" – говори́т Рома́н. – "Вот большо́е де́рево. И вот три ка́мня!"	"Look!" says Roman. "Here is the big tree. And here are three stones!"	"Smotríte!" – govorít Román. – "Vot bol'shóye dérevo. I vot tri kámnya!"
Под камня́ми они́ нахо́дят металли́ческую коро́бку. В коро́бке – ста́рые ве́щи, фотогра́фии и докуме́нты. Э́то исто́рия семьи́ Со́фьи.	Under the stones, they find a metal box. In the box are old things, photographs, and documents. This is the history of Sofia's family.	Pod kamnyámi oní nakhódyat metallícheskuyu koróbku. V koróbke – stáryye véshchi, fotografíi i dokumenty. Éto istóriya sem'í Sóf'i.

Тепе́рь Со́фья хо́чет жить в То́мске. Она́ бу́дет рабо́тать в музе́е с Рома́ном. Они́ бу́дут вме́сте иска́ть други́е исто́рии о Сиби́ри.

Now Sofia wants to live in Tomsk. She will work in the museum with Roman. They will look for other stories about Siberia together.

Tepér' Sóf'ya khóchet zhit' v Tómske. Oná búdet rabótat' v muzée s Románom. Oní búdut vméste iskát' drugíye istórii o Sibíri.

Сибирские письма	The Siberian Letters
Когда́ ба́бушка Ли́дия умерла́, Со́фья получи́ла ста́рую деревя́нную шкату́лку. В ней бы́ли жёлтые пи́сьма и ста́рая ка́рта Сиби́ри. Пи́сьма написа́ла праба́бушка Со́фьи, Татья́на, в 1952 году́.	When grandmother Lidia died, Sofia received an old wooden box. Inside were yellowed letters and an old map of Siberia. The letters were written by Sofia's great-grandmother, Tatiana, in 1952.
"Дорога́я до́чка," – писа́ла Татья́на. – "Я спря́тала что́-то ва́жное о́коло ла́геря в Сиби́ри. Найди́ ста́рую желе́зную доро́гу. Там есть большо́й кедр и три ка́мня. Под ни́ми – секре́т на́шей семьи́."	"Dear daughter," wrote Tatiana. "I hid something important near the camp in Siberia. Find the old railway. There is a big cedar tree and three stones. Under them is our family's secret."
Со́фья рабо́тала перево́дчицей в Москве́. Она́ взяла́ о́тпуск и купи́ла биле́т на по́езд до сиби́рского го́рода То́мска. Там она́ встре́тила Рома́на, ме́стного исто́рика. Он знал все ста́рые желе́зные доро́ги в регио́не.	Sofia worked as a translator in Moscow. She took vacation time and bought a train ticket to the Siberian city of Tomsk. There she met Roman, a local historian. He knew all the old railways in the region.
"Здесь бы́ло мно́го лагере́й," – сказа́л Рома́н. – "Но я зна́ю э́то ме́сто. Туда́ мо́жно дое́хать на джи́пе."	"There were many camps here," said Roman. "But I know this place. We can get there by jeep."

Они поехали в тайгу. Было холодно, шёл снег. Через три часа они нашли старые рельсы.

They drove into the taiga. It was cold and snowing. After three hours, they found the old rails.

"Смотрите!" – Роман показал на большое дерево. – "Это старый кедр. А вот и камни!"

"Look!" Roman pointed to a big tree. "This is the old cedar. And here are the stones!"

Под камнями они нашли железную коробку. В ней лежали золотой крест, кольцо с бриллиантом и ещё одно письмо.

Under the stones, they found an iron box. Inside were a golden cross, a diamond ring, and another letter.

"Я сохранила эти вещи в память о нашей прошлой жизни," – писала Татьяна. – "Они принадлежали твоей бабушке, княгине. Но главное не это. Главное – история нашей семьи, которую я записала здесь."

"I kept these things in memory of our past life," wrote Tatiana. "They belonged to your grandmother, a princess. But that's not the main thing. The main thing is our family's history, which I wrote down here."

Софья заплакала. Роман тихо сказал: "В Сибири много таких историй. Они ждут, когда их найдут."

Sofia cried. Roman quietly said, "Siberia has many such stories. They wait to be found."

Сибирские письма
The Siberian Letters

Шкату́лка па́хла ке́дром и вре́менем. Со́фья нашла́ её на чердаке́ ба́бушкиного до́ма в Подмоско́вье, разбира́я ве́щи по́сле похоро́н. Ба́бушка Ли́дия никогда́ не расска́зывала о своём про́шлом, но э́ти пи́сьма, напи́санные вы́цветшими черни́лами на то́нкой бума́ге, наконе́ц раскрыва́ли семе́йную та́йну.

> The box smelled of cedar and time. Sofia found it in the attic of her grandmother's house near Moscow, sorting through things after the funeral. Grandmother Lidia had never talked about her past, but these letters, written in faded ink on thin paper, finally revealed the family secret.

"Моя́ дорога́я дочь," – писа́ла праба́бушка Татья́на в 1952 году́. – "Когда́ ты чита́ешь э́ти стро́ки, меня́ уже́ нет в живы́х. Но я должна́ рассказа́ть тебе́ пра́вду о на́шей семье́. То, что я спря́тала в сиби́рской тайге́, не про́сто драгоце́нности. Э́то доказа́тельства на́шего про́шлого, докуме́нты, кото́рые помо́гут восстанови́ть справедли́вость."

> "My dear daughter," wrote great-grandmother Tatiana in 1952. "When you read these lines, I will no longer be alive. But I must tell you the truth about our family. What I hid in the Siberian taiga isn't just jewelry. These are proofs of our past, documents that will help restore justice."

Со́фья рабо́тала техни́ческим перево́дчиком в междунаро́дной компа́нии. Она́ привы́кла име́ть де́ло с инстру́кциями и контра́ктами, а не с семе́йными та́йнами. Но что́-то в э́тих пи́сьмах не дава́ло ей поко́я. Ка́рта, прило́женная к пи́сьмам, пока́зывала ме́сто о́коло ста́рой желе́зной доро́ги в То́мской о́бласти.

Sofia worked as a technical translator at an international company. She was used to dealing with instructions and contracts, not family secrets. But something in these letters wouldn't let her rest. The map attached to the letters showed a location near an old railway in the Tomsk region.

Взяв о́тпуск за свой счёт, Со́фья купи́ла биле́т на по́езд до То́мска. В купе́ она́ перечи́тывала пи́сьма, пыта́ясь предста́вить жизнь праба́бушки. "Здесь, в ла́гере, я встре́тила удиви́тельных люде́й," – писа́ла Татья́на. – "Профессора́, музыка́нты, худо́жники – все они́ сохраня́ли челове́ческое досто́инство да́же за колю́чей про́волокой."

Taking unpaid leave, Sofia bought a train ticket to Tomsk. In the compartment, she reread the letters, trying to imagine her great-grandmother's life. "Here in the camp, I met extraordinary people," Tatiana wrote. "Professors, musicians, artists – they all maintained their human dignity even behind barbed wire."

В То́мске Со́фья познако́милась с Рома́ном, сотру́дником краеве́дческого музе́я. Он специализи́ровался на исто́рии лагере́й и знал ка́ждую ста́рую железнодоро́жную ве́тку в о́бласти.

In Tomsk, Sofia met Roman, an employee of the local history museum. He specialized in camp history and knew every old railway branch in the region.

"Вы не пе́рвая, кто и́щет следы́ про́шлого," – сказа́л Рома́н, разгля́дывая ка́рту. – "Но обы́чно лю́ди и́щут моги́лы, а не тайники́."

"You're not the first person looking for traces of the past," Roman said, examining the map. "But usually people look for graves, not hiding places."

Они́ отпра́вились в экспеди́цию на ста́реньком УАЗике. Рома́н оказа́лся не то́лько о́пытным проводнико́м, но и внима́тельным слу́шателем. Вечера́ми у костра́ Со́фья чита́ла ему́ пи́сьма праба́бушки, и постепе́нно исто́рия обрета́ла плоть и кровь.

They set off on an expedition in an old UAZ vehicle. Roman proved to be not only an experienced guide but also an attentive listener. In the evenings by the campfire, Sofia read him her great-grandmother's letters, and gradually the story took on flesh and blood.

Татья́на была́ из дворя́нской семьи́, получи́ла образова́ние в Сорбо́нне. По́сле револю́ции её семья́ бежа́ла в Харби́н, но в 1945 году́ она́ верну́лась в СССР, что́бы найти́ оста́вшихся ро́дственников. Её арестова́ли и отпра́вили в ла́герь.

Tatiana came from a noble family and was educated at the Sorbonne. After the revolution, her family fled to Harbin, but in 1945 she returned to the USSR to find remaining relatives. She was arrested and sent to a camp.

"Не ду́май, что я жале́ю о возвраще́нии," – писа́ла она́. –
"Здесь я поняла́ гла́вное: нельзя́ убежа́ть от свое́й исто́рии.
Мо́жно то́лько приня́ть её и сохрани́ть пра́вду для бу́дущих
поколе́ний."

"Don't think I regret returning," she wrote. "Here I understood
the main thing: you can't run from your history. You can only
accept it and preserve the truth for future generations."

На четвёртый день пути́ они́ нашли́ то, что иска́ли. Ста́рый
кедр стоя́л как часово́й у забро́шенной на́сыпи. Три ка́мня,
сло́женные треуго́льником, каза́лись случа́йными, но
Рома́н заме́тил на одно́м из них едва́ различи́мую бу́кву "Т".

On the fourth day of their journey, they found what they were
looking for. An old cedar stood like a sentry by the abandoned
embankment. Three stones arranged in a triangle seemed
random, but Roman noticed a barely visible letter "T" on one
of them.

В желе́зной коро́бке, спря́танной под камня́ми, они́ нашли́
не то́лько фами́льные драгоце́нности, но и докуме́нты:
дневники́, фотогра́фии, свиде́тельства о дворя́нском
происхожде́нии. А ещё – пи́сьма изве́стного поэ́та,
кото́рый то́же был в ла́гере. Э́ти пи́сьма могли́ измени́ть
представле́ние исто́риков о после́дних года́х его́ жи́зни.

In the iron box hidden under the stones, they found not only
family jewels but also documents: diaries, photographs,
certificates of noble origin. And also – letters from a famous
poet who had also been in the camp. These letters could
change historians' understanding of the final years of his life.

"Тепéрь я понимáю, почемý бáбушка молчáла," – сказáла Сóфья, когдá онú возвращáлись в Томск. – "Нéкоторые истóрии нýжно хранúть, покá не придёт их врéмя."

> "Now I understand why grandmother kept silent," Sofia said as they returned to Tomsk. "Some stories need to be kept until their time comes."

Ромáн посмотрéл на неё с интерéсом: "А вы знáете, что в нáшем музéе есть вакáнсия специалúста по рабóте с архúвами? Нам нýжен человéк, котóрый умéет хранúть и расскáзывать истóрии."

> Roman looked at her with interest: "Do you know that our museum has a vacancy for an archives specialist? We need someone who knows how to preserve and tell stories."

Сóфья улыбнýлась. Возмóжно, её сóбственная истóрия тóлько начинáлась.

> Sofia smiled. Perhaps her own story was just beginning.

Сибирские письма

Момент, когда прошлое настигает тебя, всегда застаёт врасплох. Для Софьи это случилось в пыльной тишине подмосковного дома, среди коробок с бабушкиными вещами. Шкатулка из кедра, потемневшая от времени, казалась неуместной среди советского хрусталя и альбомов с пожелтевшими фотографиями. Внутри – пачка писем, перевязанная выцветшей лентой, и карта, нарисованная химическим карандашом на обрывке штабной бумаги.

"Дорогое моё дитя," – начиналось первое письмо, датированное мартом 1952 года. – "Когда ты будешь читать эти строки, многое изменится. Возможно, уже можно будет говорить правду, не оглядываясь через плечо. А может, всё останется по-прежнему, и ты спрячешь эти письма дальше, как я прятала их все эти годы."

Софья машинально поправила очки – привычка, выработанная годами работы техническим переводчиком. Она привыкла иметь дело с точными формулировками, с языком спецификаций и инструкций. Но этот текст, написанный витиеватым почерком прабабушки Татьяны, требовал совсем другого подхода.

The Siberian Letters

The moment when the past catches up with you always takes you by surprise. For Sofia, it happened in the dusty silence of a house near Moscow, among boxes of her grandmother's belongings. A cedar box, darkened by time, seemed out of place among Soviet crystal and albums with yellowed photographs. Inside – a bundle of letters tied with a faded ribbon, and a map drawn in indelible pencil on a piece of military paper.

"My dear child," began the first letter, dated March 1952. "When you read these lines, much will have changed. Perhaps it will be possible to speak the truth without looking over one's shoulder. Or maybe everything will remain the same, and you will hide these letters further, as I have hidden them all these years."

Sofia automatically adjusted her glasses – a habit developed through years of working as a technical translator. She was used to dealing with precise wording, with the language of specifications and instructions. But this text, written in her great-grandmother Tatiana's elaborate handwriting, required a completely different approach.

"В ла́гере я поняла́: на́ша па́мять – еди́нственное, что у нас нельзя́ отня́ть. Они́ мо́гут забра́ть докуме́нты, сжечь фотогра́фии, переписа́ть исто́рии. Но то, что мы по́мним, остаётся с на́ми. Я спря́тала не то́лько семе́йные рели́квии. Я спря́тала пра́вду."

Да́льше шло описа́ние ме́ста – ста́рая ве́тка желе́зной доро́ги недалеко́ от То́мска, забро́шенный ла́герный пункт, кедр, расту́щий на разви́лке путе́й. "Три ка́мня, похо́жие на треуго́льник. На одно́м – бу́ква 'Т', как нача́ло пути́. Под ни́ми – жестяна́я коро́бка из-под америка́нской тушёнки. По́мнишь таки́е? Их выдава́ли по ленд-ли́зу."

Че́рез неде́лю Со́фья уже́ смотре́ла в окно́ купе́ на бесконе́чную сиби́рскую тайгу́. По́езд Москва́-Владивосто́к разме́ренно отсту́кивал киломе́тры, ка́ждый из кото́рых приближа́л её к разга́дке семе́йной та́йны. В купе́ она́ оказа́лась одна́ – ре́дкая уда́ча в разга́р сезо́на.

Томск встре́тил её а́вгустовским зно́ем и атмосфе́рой го́рода, застря́вшего ме́жду эпо́хами. Резны́е деревя́нные нали́чники сосе́дствовали с пла́стиковыми о́кнами, а у вхо́да в краеве́дческий музе́й припаркова́лись одновреме́нно "Во́лга" и но́венький "Ле́ксус".

Рома́н, нау́чный сотру́дник музе́я, оказа́лся моло́же, чем Со́фья ожида́ла. В свои́ три́дцать пять он заве́довал отде́лом региона́льной исто́рии и, как вы́яснилось, защити́л диссерта́цию по те́ме ла́герной интеллиге́нции.

"In the camp, I understood: our memory is the only thing they cannot take from us. They can seize documents, burn photographs, rewrite histories. But what we remember stays with us. I hid not only family relics. I hid the truth."

Next came the description of the place – an old railway branch near Tomsk, an abandoned camp site, a cedar tree growing at a track fork. "Three stones resembling a triangle. On one – the letter 'T', like the beginning of a path. Under them – a tin box from American canned meat. Remember those? They were distributed through Lend-Lease."

A week later, Sofia was already watching the endless Siberian taiga through a train compartment window. The Moscow-Vladivostok train steadily clicked off kilometers, each one bringing her closer to solving the family mystery. She had the compartment to herself – a rare luck during peak season.

Tomsk greeted her with August heat and the atmosphere of a city stuck between eras. Carved wooden window frames neighbored plastic windows, while both a Volga and a new Lexus were parked at the entrance to the local history museum.

Roman, a museum researcher, turned out to be younger than Sofia expected. At thirty-five, he headed the regional history department and, as it turned out, had defended a dissertation on camp intellectuals.

"Интере́сно," – сказа́л он, разгля́дывая ка́рту. – "Э́тот уча́сток доро́ги стро́или заключённые из лагпу́нкта но́мер шестна́дцать. Там содержа́ли в основно́м полити́ческих – профессоро́в, арти́стов, свяще́нников. У меня́ есть рабо́чие чсртежи́ э́той ве́тки. Да́же зна́ю челове́ка, кото́рый мо́жет одолжи́ть нам внедоро́жник."

На сбо́ры ушло́ два дня. Рома́н настоя́л на серьёзной подгото́вке – в тайге́ шу́тки пло́хи. Купи́ли консе́рвы, спа́льные мешки́, кани́стры с водо́й. В ме́стном отделе́нии МЧС оста́вили маршру́тный лист.

"Вы понима́ете," – говори́л Рома́н, когда́ они́ уже́ е́хали по разби́той грунто́вке, – "здесь ка́ждое де́рево храни́т исто́рию. В сороковы́е-пятидеся́тые че́рез э́ти места́ прошли́ ты́сячи люде́й. Мно́гие оста́вили свои́ ме́тки, посла́ния пото́мкам. Но не все гото́вы э́ти посла́ния приня́ть."

В пе́рвую ночь они́ останови́лись у забро́шенной дере́вни. От домо́в оста́лись то́лько почерне́вшие сру́бы, но печны́е тру́бы всё ещё стоя́ли, как часовы́е забы́того про́шлого. Развели́ костёр, и Со́фья начала́ чита́ть пи́сьма вслух.

"Меня́ арестова́ли в со́рок пя́том, сра́зу по́сле возвраще́ния из Харби́на," – писа́ла Татья́на. – "На допро́сах тре́бовали вы́дать тех, кто оста́лся в Кита́е. Но я молча́ла. Не потому́, что была́ герои́ней. Про́сто понима́ла: сло́во мо́жет уби́ть так же ве́рно, как пу́ля."

"Interesting," he said, examining the map. "This section of railway was built by prisoners from camp point sixteen. They kept mostly political prisoners there – professors, artists, priests. I have working drawings of this branch. I even know someone who can lend us an SUV."

Preparations took two days. Roman insisted on serious preparation – the taiga is not to be trifled with. They bought canned food, sleeping bags, water canisters. They left a route sheet with the local emergency services.

"You see," Roman said as they drove along the broken dirt road, "every tree here holds history. In the forties and fifties, thousands of people passed through these places. Many left their marks, messages to descendants. But not everyone is ready to receive these messages."

On the first night, they stopped near an abandoned village. Only blackened log frames remained of the houses, but the chimneys still stood like sentries of a forgotten past. They made a fire, and Sofia began reading the letters aloud.

"They arrested me in forty-five, immediately after returning from Harbin," Tatiana wrote. "During interrogations, they demanded I reveal those who remained in China. But I stayed silent. Not because I was a hero. I simply understood: a word can kill as surely as a bullet."

Роман слушал, не перебивая. В свете костра его лицо казалось высеченным из камня. Только когда Софья дочитала до конца, он тихо произнёс: "У нас в архиве есть документы по харбинскому делу. Больше трёхсот человек арестовали по возвращении. Ваша прабабушка была не одинока."

На третий день пути лес начал меняться. Появились следы старых вырубок, полусгнившие шпалы, вросшие в землю. Роман часто сверялся с картой, сопоставляя современные спутниковые снимки со старой схемой.

"Смотрите," – он показал на едва заметную насыпь. – "Здесь была узкоколейка. По ней вывозили лес. А там, впереди, должен быть лагерный пункт."

От лагеря остались только фундаменты бараков да колючая проволока, вросшая в стволы деревьев. Природа постепенно поглощала следы человеческой трагедии, но не могла стереть её полностью.

Кедр они нашли на закате четвёртого дня. Огромное дерево росло точно на развилке старых рельсов. Его мощные корни вздымали землю, создавая причудливый рельеф. Три камня лежали именно так, как описывала Татьяна.

"Невероятно," – прошептал Роман, очищая поверхность одного из камней. В лучах заходящего солнца проступила высеченная буква "Т".

Roman listened without interrupting. In the firelight, his face seemed carved from stone. Only when Sofia finished reading did he quietly say, "We have documents about the Harbin case in our archives. More than three hundred people were arrested upon return. Your great-grandmother wasn't alone."

On the third day of the journey, the forest began to change. Signs of old logging appeared, half-rotted ties embedded in the earth. Roman frequently checked the map, comparing modern satellite images with the old scheme.

"Look," he pointed to a barely visible embankment. "There was a narrow-gauge railway here. They used it to transport timber. And there, ahead, should be the camp point."

Only the foundations of barracks and barbed wire grown into tree trunks remained of the camp. Nature gradually absorbed traces of human tragedy but couldn't erase it completely.

They found the cedar at sunset on the fourth day. The huge tree grew exactly at the fork of old rails. Its powerful roots raised the earth, creating an bizarre relief. Three stones lay exactly as Tatiana had described.

"Incredible," Roman whispered, cleaning the surface of one stone. In the rays of the setting sun, the carved letter "T" emerged.

Копа́ть пришло́сь до́лго. Жестяна́я коро́бка лежа́ла глубоко́, обёрнутая в прома́сленную ткань. Внутри́ они́ нашли́ не то́лько фами́льные драгоце́нности, но и докуме́нты, фотогра́фии, пи́сьма. А ещё – тетра́дь в самоде́льном переплёте.

"Э́то дневни́к Северя́нина," – Рома́н благогове́йно перели́стывал страни́цы. – "Счита́лось, что все его́ за́писи тех лет утра́чены. Э́то сенса́ция!"

Но гла́вным сокро́вищем оказа́лась то́нкая па́пка с гри́фом "Соверше́нно секре́тно". В ней содержа́лись спи́ски заключённых с указа́нием их настоя́щих имён и причи́н аре́ста.

"Тепе́рь мно́гие се́мьи смо́гут узна́ть пра́вду," – сказа́ла Со́фья. В темноте́ её рука́ нашла́ ру́ку Рома́на.

Они́ верну́лись в Томск че́рез неде́лю. Докуме́нты переда́ли в музе́й, где их ждала́ кропотли́вая рабо́та по реставра́ции и изуче́нию. Со́фья написа́ла заявле́ние об увольне́нии с пре́жней рабо́ты.

"Зна́ешь," – сказа́л Рома́н, когда́ они́ сиде́ли в его́ кабине́те, разбира́я нахо́дки, – "твоя́ праба́бушка писа́ла о том, что нельзя́ убежа́ть от свое́й исто́рии. Но мо́жно сде́лать её ча́стью бу́дущего."

Со́фья посмотре́ла в окно́, где кружи́лись пе́рвые сентя́брьские ли́стья. В Москве́ её ждала́ пуста́я кварти́ра и рабо́та с техни́ческими те́кстами. А здесь, в То́мске, исто́рия то́лько начина́лась.

They had to dig for a long time. The tin box lay deep, wrapped in oiled cloth. Inside, they found not only family jewels but also documents, photographs, letters. And also – a notebook in a handmade binding.

"This is poet Severyanin's diary," Roman reverently turned the pages. "All his notes from those years were thought to be lost. This is sensational!"

But the main treasure turned out to be a thin folder marked "Top Secret." It contained lists of prisoners with their real names and reasons for arrest.

"Now many families will be able to learn the truth," said Sofia. In the darkness, her hand found Roman's.

They returned to Tomsk a week later. The documents were transferred to the museum, where painstaking work of restoration and study awaited them. Sofia wrote her resignation letter from her previous job.

"You know," said Roman as they sat in his office sorting through the findings, "your great-grandmother wrote about how you can't run from your history. But you can make it part of the future."

Sofia looked out the window, where the first September leaves were swirling. An empty apartment and work with technical texts awaited her in Moscow. But here, in Tomsk, the story was just beginning.

Старый глобус
Old Globe

In modern Russian cities, where trendy coffee shops (кофе́йни) blend international culture with local traditions, a unique form of cultural exchange is brewing. While global franchises serve identical drinks worldwide, independent cafés like the one in this story create distinctive spaces where East meets West. Through the rituals of coffee-making - from latte art (ла́тте-арт) to the simple act of writing names on paper cups (стака́нчики) - these spaces become informal embassies of cross-cultural connection. But what happens when a simple cup of coffee becomes the catalyst for life-changing encounters between Russia and Japan?

Key Vocabulary

- глóбус - globe

- кофéйня - coffee shop

- барúста - barista

- стакáнчик - paper cup

- карамéльный - caramel

- букинúст - used bookstore

- колокóльчик - little bell (traditional Russian shop item)

- востоковéдение - Oriental studies (academic field)

- портьéры - heavy curtains

- матрёшка - matryoshka (Russian nesting doll)

- кокэ́си - kokeshi (Japanese doll)

- сáкура - sakura (Japanese cherry blossom)

- иерóглиф - character (Japanese/Chinese writing)

- антиквáрный - antique

- чемодáн - suitcase

- рюкзáк - backpack

- шот - shot (of espresso)

- эспрéссо - espresso

Ста́рый гло́бус	Old Globe	Stáryy glóbus
Э́то кофе́йня "Ста́рый гло́бус". Здесь рабо́тает Лев. Он де́лает ко́фе.	This is the "Old Globe" coffee shop. Lev works here. He makes coffee.	Éto koféynya "Stáryy glóbus". Zdes' rabótayet Lev. On délayet kófe.
В кофе́йне есть ра́зные сто́лики. На ка́ждом сто́лике – назва́ние страны́: "Росси́я", "Япо́ния", "Фра́нция".	The coffee shop has different tables. Each table has the name of a country: "Russia," "Japan," "France."	V koféyne yest' ráznye stóliki. Na kázhdom stólike – nazvániye straný: "Rossíya", "Yapóniya", "Frántsiya".
Ка́ждый день в де́вять часо́в прихо́дит де́вушка Ксе́ния. Она́ всегда́ пьёт караме́льный ла́тте и сиди́т за сто́ликом "Япо́ния". Лев рису́ет на её ко́фе краси́вые карти́нки.	Every day at nine o'clock, a girl named Ksenia comes. She always drinks caramel latte and sits at the "Japan" table. Lev draws beautiful pictures on her coffee.	Kázhdyy den' v dévyat' chasóv prikhódit dévushka Kséniya. Oná vsegdá pyót karamél'nyy látté i sidít za stólikom "Yapóniya". Lev risúyet na yeyó kófe krasívye kartínki.

Ксе́ния изуча́ет япо́нский язы́к. Она́ хо́чет рабо́тать в Япо́нии.	Ksenia studies Japanese. She wants to work in Japan.	Kséniya izucháyet yapónskiy yazýk. Oná khóchet rabótat' v Yapónii.
Одна́жды Ксе́ния говори́т: "До свида́ния, Лев. Я е́ду в Япо́нию."	One day Ksenia says: "Goodbye, Lev. I am going to Japan."	Odnázhdy Kséniya govorít: "Do svidániya, Lev. Ya yédu v Yapóniyu."
Лев грусти́т. Но че́рез неде́лю в кофе́йню прихо́дит но́вая де́вушка. Её зову́т Ю́ки. Она́ из Япо́нии.	Lev is sad. But after a week, a new girl comes to the coffee shop. Her name is Yuki. She is from Japan.	Lev grustít. No chérez nedélyu v koféynyu prikhódit nóvaya dévushka. Yeyó zavút Yúki. Oná iz Yapónii.
Ю́ки хо́чет изуча́ть ру́сский язы́к. Она́ сади́тся за сто́лик "Росси́я".	Yuki wants to study Russian. She sits at the "Russia" table.	Yúki khóchet izuchát' rússkiy yazýk. Oná sadítsya za stólik "Rossíya".
"Мо́жно ко́фе?" – говори́т Ю́ки по-ру́сски.	"Can I have coffee?" Yuki says in Russian.	"Mózhno kófe?" – govorít Yúki po-rússki.
Лев улыба́ется. Тепе́рь он у́чит япо́нский язы́к, а Ю́ки у́чит ру́сский. Они́ пьют ко́фе вме́сте.	Lev smiles. Now he studies Japanese, and Yuki studies Russian. They drink coffee together.	Lev ulybáyetsya. Tepér' on úchit yapónskiy yazýk, a Yúki úchit rússkiy. Oní pyut kófe vméste.

Ста́рый гло́бус

Old Globe

Кофе́йня "Ста́рый гло́бус" была́ необы́чной. Здесь на сте́нах висе́ли ста́рые ка́рты и фотогра́фии путеше́ственников. Ка́ждый сто́лик име́л назва́ние ра́зной страны́.	The coffee shop "Old Globe" was unusual. Old maps and travelers' photos hung on the walls. Each table had the name of a different country.
Лев рабо́тал здесь бари́ста шесть ме́сяцев. Ка́ждый день в де́вять утра́ приходи́ла краси́вая де́вушка Ксе́ния. Она́ всегда́ зака́зывала караме́льный ла́тте и сади́лась за сто́лик "Япо́ния".	Lev had worked here as a barista for six months. Every day at nine in the morning, a beautiful girl Ksenia would come in. She always ordered a caramel latte and sat at the "Japan" table.
"Сего́дня скажу́ ей," – ду́мал Лев ка́ждое у́тро. Но то́лько улыба́лся и писа́л на стака́нчике её и́мя краси́выми бу́квами.	"Today I'll tell her," Lev thought every morning. But he would just smile and write her name in beautiful letters on the cup.
Одна́жды Ксе́ния пришла́ с больши́м рюкзако́м.	One day Ksenia came with a big backpack.
"Я уезжа́ю," – сказа́ла она́. – "В Япо́нию. Бу́ду там учи́ть дете́й ру́сскому языку́."	"I'm leaving," she said. "To Japan. I'll teach Russian to children there."
"Но..." – на́чал Лев.	"But..." Lev began.

"Зна́ешь," – улыбну́лась Ксе́ния, – "я ка́ждый день сиде́ла за сто́ликом 'Япо́ния' не про́сто так. Я гото́вилась к э́той пое́здке. А ты де́лал лу́чший ко́фе в го́роде."

"You know," Ksenia smiled, "I didn't sit at the 'Japan' table every day for no reason. I was preparing for this trip. And you made the best coffee in the city."

Лев расстро́ился. Но че́рез неде́лю в кофе́йню пришла́ де́вушка Ю́ки. Она́ прие́хала из Япо́нии учи́ть япо́нскому языку́. И се́ла за сто́лик "Росси́я".

Lev was upset. But a week later, a girl named Yuki came to the coffee shop. She had come from Japan to teach Japanese. And she sat at the "Russia" table.

"Извини́те," – сказа́ла она́ по-ру́сски. – "Мо́жно караме́льный ла́тте?"

"Excuse me," she said in Russian. "Can I have a caramel latte?"

Лев улыбну́лся и взял ма́ркер. На э́тот раз он не бу́дет ждать шесть ме́сяцев.

Lev smiled and took the marker. This time he wouldn't wait six months.

Ста́рый гло́бус
Old Globe

В кофе́йне "Ста́рый гло́бус" да́же во́здух был пропи́тан путеше́ствиями. Винта́жные чемода́ны служи́ли сто́ликами, на сте́нах висе́ли потёртые ка́рты и пожелте́вшие фотогра́фии экспеди́ций. Ка́ждый уголо́к заведе́ния представля́л ра́зные стра́ны ми́ра – от шу́много "Нью-Йо́рка" у окна́ до ую́тного "Кио́то" в глубине́ за́ла.

> In the "Old Globe" coffee shop, even the air was infused with travel. Vintage suitcases served as tables, worn maps and yellowed expedition photographs hung on the walls. Every corner of the establishment represented different countries of the world – from busy "New York" by the window to cozy "Kyoto" in the back of the hall.

Лев не про́сто де́лал ко́фе – он создава́л исто́рии в ча́шке. Ла́тте-арт был его́ стра́стью: на пове́рхности напи́тков распуска́лись са́куры для сто́лика "Япо́ния" и появля́лись ма́ленькие Эйфелевы ба́шни для "Фра́нции".

> Lev didn't just make coffee – he created stories in cups. Latte art was his passion: cherry blossoms bloomed on drinks for the "Japan" table, and tiny Eiffel Towers appeared for "France."

Ро́вно в де́вять у́тра дверь всегда́ открыва́ла Ксе́ния. Её карамельный ла́тте Лев научи́лся гото́вить с закры́тыми глаза́ми. Она́ всегда́ выбира́ла сто́лик "Япо́ния", раскла́дывала уче́бники и погружа́лась в заня́тия.

At exactly nine in the morning, Ksenia would always open the door. Lev had learned to prepare her caramel latte with his eyes closed. She always chose the "Japan" table, spread out her textbooks, and immersed herself in studies.

"Сего́дня то́чно решу́сь," – ду́мал Лев ка́ждое у́тро, выводя́ на стака́нчике её и́мя витиева́тыми бу́квами. Иногда́ добавля́л ма́ленькие рису́нки: то ве́точку са́куры, то япо́нский иеро́глиф "сча́стье", на́йденный в интерне́те.

"Today I'll definitely do it," Lev thought every morning, writing her name in elaborate letters on the cup. Sometimes he added small drawings: a cherry blossom branch here, the Japanese character for "happiness" there, found on the internet.

"Зна́ешь," – ка́к-то сказа́ла ему́ Ксе́ния, – "ты удиви́тельно то́чно пи́шешь иеро́глифы для челове́ка, кото́рый не зна́ет япо́нский."

"You know," Ksenia once told him, "you write characters surprisingly well for someone who doesn't know Japanese."

"А ты удиви́тельно хорошо́ в них разбира́ешься для обы́чного посети́теля," – отве́тил Лев, чу́вствуя, как красне́ет.

"And you know them surprisingly well for a regular customer," Lev replied, feeling himself blush.

Она́ рассмея́лась: "Я преподаю́ ру́сский язы́к онла́йн япо́нским шко́льникам. Уже́ год гото́влюсь к перее́зду в То́кио."

She laughed: "I teach Russian online to Japanese schoolchildren. I've been preparing to move to Tokyo for a year now."

В то у́тро, когда́ Ксе́ния пришла́ с рюкзако́м, Лев уже́ знал – э́то коне́ц их ма́ленькой исто́рии.

That morning when Ksenia came in with a backpack, Lev already knew – this was the end of their little story.

"Я улета́ю сего́дня ве́чером," – сказа́ла она́. – "Спаси́бо за лу́чший ко́фе и за иеро́глифы. Да́же е́сли они́ иногда́ означа́ли совсе́м не то, что ты ду́мал."

"I'm flying out tonight," she said. "Thank you for the best coffee and for the characters. Even if they sometimes meant something completely different from what you thought."

Лев смотре́л, как закрыва́ется дверь, и впервы́е за полго́да не чу́вствовал за́паха ко́фе. Но судьба́ лю́бит иро́нию – че́рез неде́лю колоко́льчик на две́ри звя́кнул, и в кофе́йню вошла́ де́вушка с чемода́ном.

Lev watched the door close and for the first time in six months couldn't smell the coffee. But fate loves irony – a week later, the door bell jingled, and a girl with a suitcase walked into the coffee shop.

"Здра́вствуйте," – произнесла́ она́ по-ру́сски с лёгким акце́нтом. – "Меня́ зову́т Ю́ки. Я ищу́ рабо́ту преподава́теля япо́нского... и хоро́ший ко́фе."

"Hello," she said in Russian with a slight accent. "My name is Yuki. I'm looking for a job teaching Japanese... and good coffee."

Она́ вы́брала сто́лик "Росси́я" и доста́ла кни́гу – "Ру́сская грамма́тика для начина́ющих".

She chose the "Russia" table and took out a book – "Russian Grammar for Beginners."

"Караме́льный ла́тте?" – спроси́л Лев, уже́ достава́я ма́ркер.

"Caramel latte?" Lev asked, already reaching for the marker.

Ю́ки улыбну́лась: "А вы случа́йно не рису́ете иеро́глифы на стака́нчиках? Я могла́ бы научи́ть вас пра́вильным."

Yuki smiled: "Do you happen to draw Japanese characters on cups? I could teach you the correct ones."

На э́тот раз Лев реши́л не упуска́ть шанс. "Мо́жет быть, обменя́ем уро́ки япо́нского на уро́ки созда́ния ла́тте?"

This time, Lev decided not to miss his chance. "Maybe we could exchange Japanese lessons for latte-making lessons?"

В "Ста́ром гло́бусе" появи́лась но́вая тради́ция: по утра́м посети́тели могли́ наблюда́ть, как бари́ста и учи́тельница япо́нского языка́ склоня́ются над стака́нчиком, обсужда́я каллигра́фию иеро́глифов в кофе́йной пе́не.

A new tradition appeared at the "Old Globe": in the mornings, visitors could observe the barista and the Japanese teacher leaning over cups, discussing the calligraphy of characters in coffee foam.

Ста́рый гло́бус

Кофе́йня "Ста́рый гло́бус" располага́лась на углу́ двух у́лиц, сло́вно засты́в ме́жду двумя́ мира́ми. С одно́й стороны́ – делово́й центр с его́ стекля́нными о́фисами и ве́чно спеша́щими кле́рками, с друго́й – ста́рый райо́н с антиква́рными магази́нчиками и букини́стами. Мо́жет, и́менно поэ́тому владе́лица, эксцентри́чная Мари́на Степа́новна, преврати́ла своё заведе́ние в порта́л ме́жду культу́рами и эпо́хами.

Ка́ждый уголо́к кофе́йни расска́зывал свою́ исто́рию. Тяжёлые портье́ры, привезённые из И́ндии, сосе́дствовали с япо́нскими гравю́рами. На винта́жных чемода́нах, служи́вших сто́ликами, красова́лись табли́чки с назва́ниями стран. У окна́ – шу́мный "Нью-Йо́рк", в глубине́ – зага́дочный "Кио́то", а в са́мом це́нтре – ую́тная "Москва́".

Лев не собира́лся заде́рживаться здесь надо́лго. По́сле факульте́та востокове́дения он плани́ровал стажиро́вку в Япо́нии, но из-за́ семе́йных обстоя́тельств пришло́сь отложи́ть мечту́. Рабо́та бари́ста должна́ была́ стать вре́менной остано́вкой. Одна́ко что-то в атмосфе́ре "Ста́рого гло́буса" заста́вило его́ оста́ться.

"У хоро́шего ко́фе своя́ филосо́фия," – говори́ла Мари́на Степа́новна. – "Э́то не про́сто напи́ток, э́то моме́нт тишины́ в суете́ дня, возмо́жность останови́ться и поду́мать."

Old Globe

The "Old Globe" coffee shop sat on the corner of two streets, as if frozen between two worlds. On one side – a business center with its glass offices and eternally hurrying clerks, on the other – an old district with antique shops and used bookstores. Perhaps this was why the owner, eccentric Marina Stepanovna, had transformed her establishment into a portal between cultures and epochs.

Every corner of the coffee shop told its own story. Heavy curtains brought from India neighbored Japanese prints. Vintage suitcases serving as tables bore plaques with country names. By the window – busy "New York," in the back – mysterious "Kyoto," and in the very center – cozy "Moscow."

Lev hadn't planned to stay here long. After the Faculty of Oriental Studies, he had planned an internship in Japan, but family circumstances forced him to postpone his dream. The barista job was supposed to be a temporary stop. However, something in the atmosphere of the "Old Globe" made him stay.

"Good coffee has its own philosophy," Marina Stepanovna would say. "It's not just a drink, it's a moment of silence in the day's bustle, a chance to stop and think."

Ка́ждое у́тро ро́вно в де́вять дверь открыва́лась, звеня́ старомо́дным колоко́льчиком, и входи́ла она́ – Ксе́ния. Безупре́чный о́браз о́фисного рабо́тника: стро́гий костю́м, элега́нтный портфе́ль. То́лько в вы́боре ме́ста была́ непосле́довательна – всегда́ сади́лась за сто́лик "Япо́ния", хотя́ он счита́лся са́мым неудо́бным для рабо́ты.

Лев бы́стро вы́учил её зака́з: караме́льный ла́тте со щепо́ткой кори́цы и дополни́тельным шо́том эспре́ссо. Ка́ждый раз он создава́л на пове́рхности но́вый рису́нок – са́куру, жура́влика, япо́нский иеро́глиф, на́йденный в словаре́. Она́ всегда́ благодари́ла, но, каза́лось, да́же не замеча́ла его́ стара́ний, погружённая в свой ноутбу́к.

"Заба́вно," – сказа́ла она́ одна́жды, когда́ Лев принёс её ко́фе. – "Вы нарисова́ли иеро́глиф 'любо́вь', но переверну́ли его́ вверх нога́ми. Получи́лось 'сро́чно'."

Лев почу́вствовал, как красне́ет: "Вы зна́ете япо́нский?"

"Я преподаю́ ру́сский язы́к онла́йн япо́нским студе́нтам," – улыбну́лась она́. – "Гото́влюсь к перее́зду в То́кио. Оста́лось две неде́ли."

В то у́тро она́ задержа́лась до́льше обы́чного, расска́зывая о свои́х ученика́х, о япо́нской культу́ре, о пла́нах на бу́дущее. Лев слу́шал, понима́я, что упусти́л сто́лько возмо́жностей для разгово́ра за э́ти ме́сяцы.

Every morning at exactly nine, the door would open, ringing its old-fashioned bell, and she would enter – Ksenia. The perfect image of an office worker: strict suit, elegant briefcase. Only in her choice of seat was she inconsistent – always sitting at the "Japan" table, though it was considered the most inconvenient for work.

Lev quickly learned her order: caramel latte with a pinch of cinnamon and an extra shot of espresso. Each time he created a new design on the surface – a cherry blossom, a crane, a Japanese character found in the dictionary. She always thanked him but seemed not to notice his efforts, immersed in her laptop.

"Funny," she said one day when Lev brought her coffee. "You drew the character for 'love,' but turned it upside down. It came out as 'urgent.'"

Lev felt himself blush: "You know Japanese?"

"I teach Russian online to Japanese students," she smiled. "Preparing to move to Tokyo. Two weeks left."

That morning she stayed longer than usual, talking about her students, Japanese culture, her plans for the future. Lev listened, realizing how many opportunities for conversation he had missed over these months.

Когда́ че́рез две неде́ли Ксе́ния пришла́ с рюкзако́м вме́сто привы́чного портфе́ля, Лев был гото́в. На её после́днем ла́тте он нарисова́л иеро́глиф "уда́ча" – на э́тот раз пра́вильно.

"Спаси́бо за ко́фе и за стара́ния с иеро́глифами," – сказа́ла она́. – "Зна́ете, я ка́ждый день сади́лась за э́тот сто́лик, набира́ясь хра́брости заговори́ть о Япо́нии. Ду́мала, мо́жет быть..."

Она́ не зако́нчила фра́зу. Дверь звя́кнула в после́дний раз.

Неде́лю Лев автомати́чески гото́вил два караме́льных ла́тте ка́ждое у́тро, вылива́я второ́й в ра́ковину. Мари́на Степа́новна мо́лча наблюда́ла, но ничего́ не говори́ла. Она́ сама́ когда́-то уе́хала из Япо́нии, оста́вив там часть свое́й исто́рии.

Судьба́, одна́ко, лю́бит иро́нию. В сле́дующий понеде́льник, когда́ пе́рвые лучи́ со́лнца то́лько окра́сили вы́веску "Ста́рого гло́буса", колоко́льчик звя́кнул ина́че – бу́дто на друго́й тона́льности. На поро́ге стоя́ла де́вушка с огро́мным чемода́ном, я́вно то́лько что с самолёта.

"Здра́вствуйте," – произнесла́ она́ на удиви́тельно чи́стом ру́сском, лишь слегка́ растя́гивая гла́сные. – "Я ищу́ Мари́ну Степа́новну. Меня́ зову́т Ю́ки, я..."

"Моя́ вну́чка!" – разда́лся во́зглас из подсо́бки. Мари́на Степа́новна вы́бежала, вытира́я ру́ки о пере́дник. – "Лев, э́то дочь моего́ сы́на из Япо́нии. Она́ бу́дет преподава́ть япо́нский язы́к в культу́рном це́нтре."

When Ksenia came with a backpack instead of her usual briefcase two weeks later, Lev was ready. On her final latte, he drew the character for "luck" – correctly this time.

"Thank you for the coffee and for trying with the characters," she said. "You know, I sat at this table every day, gathering courage to talk about Japan. I thought, maybe…"

She didn't finish the sentence. The door jingled one last time.

For a week, Lev automatically prepared two caramel lattes each morning, pouring the second down the drain. Marina Stepanovna watched silently but said nothing. She herself had once left Japan, leaving part of her story there.

Fate, however, loves irony. The next Monday, when the first rays of sun had just colored the "Old Globe's" sign, the bell jingled differently – as if in a different key. A girl stood in the doorway with a huge suitcase, clearly just off a plane.

"Hello," she said in surprisingly pure Russian, only slightly drawing out the vowels. "I'm looking for Marina Stepanovna. My name is Yuki, I…"

"My granddaughter!" came a cry from the back room. Marina Stepanovna ran out, wiping her hands on her apron. "Lev, this is my son's daughter from Japan. She'll be teaching Japanese at the cultural center."

Ю́ки, смущённо улыба́ясь, вы́брала сто́лик "Росси́я". "Мо́жно мне, пожа́луйста, караме́льный ла́тте? В Япо́нии все говоря́т, что в Росси́и осо́бенный ко́фе."

Лев за́мер над ча́шкой. Рука́ привы́чно потяну́лась рисова́ть са́куру, но он останови́лся. Вме́сто э́того на пове́рхности пе́ны появи́лась матрёшка.

"О! Как ми́ло!" – воскли́кнула Ю́ки. – "Но зна́ете, е́сли немно́го измени́ть ли́нию здесь…" – она́ показа́ла па́льцем, – "полу́чится традицио́нная япо́нская ку́кла коке́си."

В её глаза́х пляса́ли и́скорки сме́ха и любопы́тства. Она́ доста́ла из су́мки кни́гу – "Ру́сская поэ́зия Сере́бряного ве́ка" на япо́нском.

"Я изуча́ю ру́сскую литерату́ру," – поясни́ла она́. – "И хочу́ поня́ть ду́шу Росси́и. Ба́бушка говори́т, что нет лу́чшего ме́ста для э́того, чем её кофе́йня."

Мари́на Степа́новна, наблюда́я э́ту сце́ну, ти́хо улыба́лась. Она́ зна́ла: иногда́ ну́жно потеря́ть оди́н путь, что́бы найти́ друго́й. Как и ко́фе, жизнь быва́ет го́рькой и́ли сла́дкой, кре́пкой и́ли мя́гкой. Всё зави́сит от того́, как её пригото́вить.

Yuki, smiling shyly, chose the "Russia" table. "Could I have a caramel latte, please? In Japan, everyone says Russian coffee is special."

Lev froze over the cup. His hand instinctively moved to draw a cherry blossom, but he stopped. Instead, a matryoshka doll appeared on the foam's surface.

"Oh! How cute!" exclaimed Yuki. "But you know, if you change the line here a bit..." – she pointed with her finger – "it becomes a traditional Japanese kokeshi doll."

Her eyes danced with sparkles of laughter and curiosity. She took out a book from her bag – "Russian Silver Age Poetry" in Japanese.

"I study Russian literature," she explained. "And I want to understand Russia's soul. Grandmother says there's no better place for that than her coffee shop."

Marina Stepanovna, observing this scene, smiled quietly. She knew: sometimes you need to lose one path to find another. Like coffee, life can be bitter or sweet, strong or mild. It all depends on how you brew it.

С тех пор по утрам в "Старом глобусе" можно было наблюдать удивительную картину: японская учительница и русский бариста, склонившись над чашками кофе, обсуждали тонкости двух культур. Он учился правильно писать иероглифы, она – читать Блока в оригинале. А на поверхности их напитков расцветали удивительные узоры, соединяющие Восток и Запад.

И если вы когда-нибудь окажетесь на углу двух улиц, где встречаются миры, загляните в "Старый глобус". Возможно, именно там, за чашкой карамельного латте, вы найдёте свою историю.

Since then, mornings at the "Old Globe" offered an amazing sight: a Japanese teacher and a Russian barista, bent over coffee cups, discussing the intricacies of two cultures. He learned to write characters correctly, she learned to read Blok in the original. And on the surface of their drinks, amazing patterns bloomed, connecting East and West.

And if you ever find yourself on the corner of two streets where worlds meet, stop by the "Old Globe." Perhaps there, over a cup of caramel latte, you'll find your own story.

Бáнный детектúв
The Banya Detective

Behind the steamy windows of Moscow's elite banyas (бáни), where birch-branch brooms (вéники) whisper against skin and ancient traditions meet modern business deals, secrets float like droplets in the air. In these luxurious bathhouses, where hereditary attendants (потóмственные бáнщики) serve Russia's business elite, the steam room (парнáя) becomes a place of both purification and intrigue. But what happens when a banya attendant's traditional code of silence collides with a matter of justice? This story explores the delicate balance between old honor and new money in post-Soviet Russia's most intimate business venue.

Key Vocabulary

o   ба́ня - banya (traditional Russian bathhouse/sauna)

o   ве́ник - bath broom (bundle of branches used in banya)

o   ба́нщик - bathhouse attendant

o   парна́я - steam room

o   пар - steam

o   па́риться - to take a steam bath

o   инве́стор - investor

o   сде́лка - deal (business transaction)

o   чаевы́е - tip (gratuity)

o   клие́нт - client, customer

o   старта́п - startup (new business)

o   полоте́нце - towel

o   перегово́ры - negotiations (business discussions)

o   ко́мната о́тдыха - resting room (relaxation area in banya)

o   пото́мственный - hereditary (family profession)

o   би́знес-сообщество - business community

o   эли́тный - elite

o   конфиденциа́льность - confidentiality

o   завсегда́тай - regular customer

o   позоло́ченный - gilded (covered in gold)

Бáнный детектíв	The Banya Detective	Bánnyy detektív
Максúм рабóтает в бáне "Золотóй Вéник". Э́то óчень дорогáя бáня в Москвé. Сюдá хóдят богáтые лю́ди.	Maxim works at the "Golden Broom" banya. This is a very expensive bathhouse in Moscow. Rich people come here.	Maksím rabótayet v báne "Zolotóy Vénik". Éto óchen' dorogáya bánya v Moskvé. Syudá khódyat bogátyye lyúdi.
Одúн человéк, Úгорь Волкóв, прихóдит кáждую срéду. Он бизнесмéн. Он чáсто говорúт по телефóну в бáне.	One person, Igor Volkov, comes every Wednesday. He is a businessman. He often talks on the phone in the banya.	Odín chelovék, Ígor' Volkóv, prikhódit kázhduyu srédu. On biznesmén. On chásto govorít po telefónu v báne.
В срéду вéчером Волкóв говорúт: "Я éду в Таилáнд. У меня́ есть дéньги. Мнóго дéнег."	On Wednesday evening, Volkov says: "I am going to Thailand. I have money. Lots of money."	V srédu vécherom Volkóv govorít: "Ya yédu v Tailánd. U menyá yest' dén'gi. Mnógo dén'eg."

В четве́рг в ба́ню прихо́дит но́вый челове́к – Андре́й. Он и́щет Волко́ва. "Где Волко́в? Мне ну́жно его́ найти́," – говори́т Андре́й.	On Thursday, a new person comes to the banya – Andrei. He is looking for Volkov. "Where is Volkov? I need to find him," says Andrei.	V chetvérg v bánu prikhódit nóvyy chelovék – Andréy. On íshchet Volkóva. "Gde Volkóv? Mne núzhno yegó naytí," – govorít Andréy.
Пото́м прихо́дит поли́ция. Они́ то́же и́щут Волко́ва. Волко́в взял де́ньги и хо́чет улете́ть из Росси́и.	Then the police come. They are also looking for Volkov. Volkov took money and wants to fly away from Russia.	Potóm prikhódit polítsiya. Oní tózhe íshchut Volkóva. Volkóv vzyal dén'gi i khóchet uletét' iz Rossíi.
Макси́м по́мнит разгово́р Волко́ва про Таила́нд. Он говори́т поли́ции: "Волко́в в аэропорту́. У него́ биле́т в Таила́нд."	Maxim remembers Volkov's conversation about Thailand. He tells the police: "Volkov is at the airport. He has a ticket to Thailand."	Maksím pómnit razgovór Volkóva pro Tailánd. On govorít polítsii: "Volkóv v aeroportú. U negó bilét v Tailánd."
Поли́ция нахо́дит Волко́ва в аэропорту́. Э́то хорошо́. Тепе́рь Макси́м – дире́ктор ба́ни.	The police find Volkov at the airport. This is good. Now Maxim is the director of the banya.	Polítsiya nakhódit Volkóva v aeroportú. Éto khoroshó. Tepér' Maksím – diréktor báni.

Бáнный детектѝв	The Banya Detective
В элѝтной москóвской бáне "Золотóй Вéник" бы́ло теплó и спокóйно. Максѝм Петрóв рабóтал здесь бáнщиком ужé пять лет. Он знал все секрéты свойх клиéнтов – богáтых бизнесмéнов и полѝтиков.	It was warm and peaceful in the elite Moscow banya "Golden Broom." Maxim Petrov had worked there as a banya attendant for five years. He knew all the secrets of his clients – wealthy businessmen and politicians.
Однáжды вéчером в бáню пришёл нóвый клиéнт – молодóй бизнесмéн Андрéй Сóколов. Он вы́глядел нéрвным и всё врéмя смотрéл на телефóн.	One evening, a new client came to the banya – young businessman Andrei Sokolov. He looked nervous and kept checking his phone.
"У вас лýчшая бáня в Москвé," – сказáл Андрéй. – "Мой партнёр Ѝгорь Волкóв чáсто сюдá хóдит."	"You have the best banya in Moscow," said Andrei. "My partner Igor Volkov comes here often."
Максѝм хорошó знал Волкóва. Тот приходѝл кáждую срéду и чáсто обсуждáл вáжные сдéлки в парнóй.	Maxim knew Volkov well. He came every Wednesday and often discussed important deals in the steam room.
"Да, конéчно. Господѝн Волкóв наш постоя́нный клиéнт," – отвéтил Максѝм, подавáя свéжий вéник.	"Yes, of course. Mr. Volkov is our regular client," replied Maxim, handing over a fresh broom.

Через час в баню неожиданно приехала полиция. Они искали Волкова. Его компания перевела миллион долларов на странный счёт и исчезла. А Соколов был партнёром в этой сделке.

An hour later, the police unexpectedly arrived at the banya. They were looking for Volkov. His company had transferred a million dollars to a strange account and disappeared. And Sokolov was a partner in this deal.

Максим вспомнил, что недавно слышал разговор Волкова в парной. Тот планировал уехать в Таиланд и забрать все деньги себе.

Maxim remembered that he had recently overheard Volkov's conversation in the steam room. He was planning to leave for Thailand and take all the money for himself.

"Извините, но я должен рассказать," – сказал Максим полицейским. – "Я знаю, где искать Волкова."

"I'm sorry, but I must tell you," Maxim said to the police. "I know where to look for Volkov."

Благодаря информации Максима полиция нашла Волкова в аэропорту. Он не успел улететь.

Thanks to Maxim's information, the police found Volkov at the airport. He didn't manage to fly away.

А Максим получил повышение. Теперь он директор "Золотого Веника". Но иногда он всё ещё работает банщиком. Ведь в бане можно узнать много интересного.

And Maxim got a promotion. Now he's the director of "Golden Broom." But sometimes he still works as a banya attendant. After all, you can learn many interesting things in the banya.

Ба́нный детекти́в
The Banya Detective

Макси́м Петро́в никогда́ не плани́ровал станови́ться детекти́вом. Он про́сто люби́л свою́ рабо́ту ба́нщика в эли́тной моско́вской ба́не "Золото́й Ве́ник", где ка́ждый четве́рг па́рились са́мые влия́тельные лю́ди го́рода. За пять лет рабо́ты он научи́лся быть неви́димым – мо́лча подава́ть ве́ники, приноси́ть чай, де́лать вид, что не слы́шит ва́жные разгово́ры в парно́й.

> Maxim Petrov never planned to become a detective. He simply loved his job as a banya attendant at the elite Moscow bathhouse "Golden Broom," where the city's most influential people took steam baths every Thursday. In five years of work, he had learned to be invisible – silently providing bath brooms, bringing tea, pretending not to hear important conversations in the steam room.

"Зна́ешь, Макси́м," – ча́сто говори́л его́ оте́ц, ста́рый ба́нщик, – "у нас профе́ссия осо́бая. Мы как свяще́нники – лю́ди нам доверя́ют свои́ та́йны, а мы храни́м молча́ние."

> "You know, Maxim," his father, an old banya attendant, often said, "ours is a special profession. We're like priests – people trust us with their secrets, and we keep silent."

Но в тот дека́брьский ве́чер Макси́му пришло́сь нару́шить э́то пра́вило. Всё начало́сь, когда́ в ба́ню пришёл молодо́й бизнесме́н Андре́й Со́колов. Он насто́йчиво расспра́шивал о друго́м клие́нте, И́горе Волко́ве, и я́вно не́рвничал.

But on that December evening, Maxim had to break this rule. It all started when young businessman Andrei Sokolov came to the banya. He persistently asked about another client, Igor Volkov, and was clearly nervous.

"Волко́в здесь па́рится ка́ждую сре́ду?" – спроси́л Со́колов, протя́гивая Макси́му конве́рт с чаевы́ми. – "Мне сро́чно ну́жно его́ найти́. Он до́лжен подписа́ть ва́жные докуме́нты."

"Does Volkov take steam baths here every Wednesday?" Sokolov asked, handing Maxim an envelope with a tip. "I urgently need to find him. He needs to sign important documents."

Макси́м взял конве́рт, но что́-то его́ насторожи́ло. Он по́мнил, как вчера́ Волко́в обсужда́л в парно́й каку́ю-то кру́пную сде́лку. "Перево́д ну́жно сде́лать сего́дня," – говори́л Волко́в по телефо́ну. – "За́втра бу́дет по́здно."

Maxim took the envelope, but something bothered him. He remembered how yesterday Volkov had discussed some major deal in the steam room. "The transfer needs to be made today," Volkov had said on the phone. "Tomorrow will be too late."

Бли́же к но́чи в ба́ню неожи́данно прие́хала поли́ция. Оказа́лось, компа́ния Волко́ва перевела́ миллио́н до́лларов на офшо́рный счёт, а сам он исче́з. Со́колов, кото́рый был партнёром по сде́лке, потеря́л все де́ньги свои́х инве́сторов.

Closer to night, the police unexpectedly arrived at the banya. It turned out Volkov's company had transferred a million dollars to an offshore account, and he himself had disappeared.

Sokolov, who was a partner in the deal, had lost all his investors' money.

"Я не понима́ю," – говори́л он полице́йским. – "Мы рабо́тали вме́сте три го́да. Я ему́ доверя́л."

"I don't understand," he told the police. "We worked together for three years. I trusted him."

Макси́м колеба́лся. С одно́й стороны́, он не до́лжен был расска́зывать о разгово́рах клие́нтов. С друго́й – он по́мнил, как про́шлой но́чью слы́шал разгово́р Волко́ва по телефо́ну: "Биле́т в Бангко́к уже́ купи́л. Как то́лько де́ньги приду́т на счёт – сра́зу в аэропо́рт."

Maxim hesitated. On one hand, he wasn't supposed to reveal clients' conversations. On the other – he remembered overhearing Volkov's phone conversation last night: "Already bought the ticket to Bangkok. As soon as the money hits the account – straight to the airport."

"Прости́те, но я до́лжен кое-что́ рассказа́ть," – наконе́ц реши́лся Макси́м. – "Вчера́ господи́н Волко́в говори́л про биле́т в Таила́нд. Рейс до́лжен быть сего́дня но́чью."

"I'm sorry, but I must tell you something," Maxim finally decided. "Yesterday, Mr. Volkov talked about a ticket to Thailand. The flight should be tonight."

Поли́ция успе́ла задержа́ть Волко́ва пря́мо у вы́хода на поса́дку. При нём нашли́ подде́льный па́спорт и докуме́нты на но́вую компа́нию в Бангко́ке.

The police managed to detain Volkov right at the boarding gate. They found a fake passport and documents for a new company in Bangkok on him.

Че́рез неде́лю Макси́ма вы́звал к себе́ владе́лец ба́ни. "Ты поступи́л пра́вильно," – сказа́л он. – "Таки́е лю́ди, как Волко́в, по́ртят репута́цию всему́ би́знес-соо́бществу. Я повыша́ю тебя́ до дире́ктора ба́ни."

A week later, the banya owner summoned Maxim. "You did the right thing," he said. "People like Volkov ruin the reputation of the entire business community. I'm promoting you to banya director."

Макси́м согласи́лся на повыше́ние, но с одни́м усло́вием – два дня в неде́лю он бу́дет продолжа́ть рабо́тать ба́нщиком. "Понима́ете," – объясни́л он, – "в на́шей ба́не не то́лько па́рятся. Здесь реша́ются су́дьбы."

Maxim accepted the promotion, but with one condition – two days a week, he would continue working as a banya attendant. "You see," he explained, "people don't just take steam baths in our banya. Fates are decided here."

Тепе́рь в "Золото́м Ве́нике" но́вое пра́вило: все ва́жные перегово́ры в парно́й запи́сываются на диктофо́н – для безопа́сности клие́нтов, коне́чно. А Макси́м иногда́ шу́тит, что он не про́сто дире́ктор ба́ни, а дире́ктор детекти́вного аге́нтства "Золото́й Ве́ник".

Now "Golden Broom" has a new rule: all important negotiations in the steam room are recorded – for clients' safety, of course. And Maxim sometimes jokes that he's not just a banya director, but the director of the "Golden Broom" Detective Agency.

Банный детектив

Когда-то московская элитная баня "Золотой Веник" была обычной городской баней, где отец Максима Петрова работал простым банщиком. Теперь же, с мраморными полами и позолоченными кранами, она превратилась в место, где заключались многомиллионные сделки и решались судьбы крупнейших компаний. Максим, потомственный банщик в пятом поколении, наблюдал эту трансформацию с молчаливой иронией.

"В нашем деле главное – понимать грань между профессиональной этикой и гражданским долгом," – любил повторять отец. Максим часто вспоминал эти слова, особенно когда слышал в парной разговоры, балансирующие на грани закона. Впрочем, до недавнего времени ему удавалось сохранять нейтралитет.

В тот декабрьский вечер, когда термометр за окном показывал минус двадцать, в баню вошёл молодой человек в дорогом, но явно новом костюме. Он нервно теребил запонки и выглядел так, будто впервые оказался в подобном заведении.

"Андрей Соколов," – представился он, протягивая членскую карту премиум-класса. – "Мне рекомендовал ваш клуб Игорь Волков. Говорил, что здесь лучший пар в Москве."

The Banya Detective

Once, the elite Moscow bathhouse "Golden Broom" was just a regular city banya where Maxim Petrov's father worked as a simple attendant. Now, with its marble floors and gilded faucets, it had transformed into a place where multi-million dollar deals were made and the fates of major companies were decided. Maxim, a fifth-generation banya attendant, observed this transformation with quiet irony.

"In our profession, the key is understanding the line between professional ethics and civic duty," his father used to say. Maxim often remembered these words, especially when he overheard steam room conversations that balanced on the edge of legality. However, until recently, he had managed to maintain neutrality.

That December evening, when the thermometer outside showed minus twenty, a young man entered the banya wearing an expensive but obviously new suit. He nervously fidgeted with his cufflinks and looked as if he'd never been in such an establishment before.

"Andrei Sokolov," he introduced himself, extending a premium membership card. "Igor Volkov recommended your club to me. Said you have the best steam in Moscow."

Макси́м едва́ заме́тно усмехну́лся. Волко́в действи́тельно был завсегда́таем их ба́ни, но он никогда́ никого́ не рекомендова́л. Наоборо́т, он цени́л "Золото́й Ве́ник" и́менно за закры́тость и конфиденциа́льность.

"Проходи́те, господи́н Со́колов. Для нача́ла рекоменду́ю мя́гкий пар с эвкали́птом."

В парно́й Со́колов продолжа́л не́рвничать. Он постоя́нно проверя́л телефо́н, несмотря́ на вла́жность, и засыпа́л Макси́ма вопро́сами о Волко́ве: когда́ обы́чно прихо́дит, с кем па́рится, о чём говори́т.

"Зна́ете, у нас с ним совме́стный прое́кт. Технологи́ческий старта́п, привлекли́ за́падных инве́сторов. За́втра должны́ закры́ть сде́лку, а он не отвеча́ет на звонки́."

Макси́м вспо́мнил вчера́шний ве́чер. Волко́в па́рился допоздна́, постоя́нно говори́л по телефо́ну на англи́йском. Обры́вки разгово́ра каза́лись стра́нными: "Да, счёт уже́ гото́в... Бангко́к – отли́чное ме́сто для но́вого ста́рта... Докуме́нты на друго́е и́мя получи́л..."

Когда́ в полови́не двена́дцатого в ба́ню прие́хали сотру́дники экономи́ческой безопа́сности, Макси́м не удиви́лся. Оказа́лось, что компа́ния Волко́ва у́тром перевела́ все инвести́ции – бо́льше миллио́на до́лларов – на офшо́рные счета́. Со́колов, как вы́яснилось, был не сообщником, а же́ртвой: он привлёк де́ньги америка́нских инве́сторов под ли́чные гара́нтии.

Maxim barely suppressed a smile. Volkov was indeed a regular, but he never recommended anyone. On the contrary, he valued the "Golden Broom" precisely for its exclusivity and confidentiality.

"This way, Mr. Sokolov. I recommend starting with a gentle eucalyptus steam."

In the steam room, Sokolov continued to be nervous. He constantly checked his phone, despite the humidity, and bombarded Maxim with questions about Volkov: when he usually comes, who he takes steam with, what he talks about.

"You see, we have a joint project. A technology startup, we've attracted Western investors. We're supposed to close the deal tomorrow, but he's not answering his calls."

Maxim remembered yesterday evening. Volkov had stayed late, constantly speaking English on the phone. Fragments of conversation seemed strange: "Yes, the account is ready... Bangkok is an excellent place for a new start... Got the documents under a different name..."

When economic security officers arrived at the banya at half past eleven, Maxim wasn't surprised. It turned out that Volkov's company had transferred all investments – over a million dollars – to offshore accounts that morning. Sokolov, as it turned out, wasn't an accomplice but a victim: he had attracted American investors' money under personal guarantees.

"Мы бы́ли друзья́ми со студе́нческих лет," – говори́л он сле́дователю, си́дя в ко́мнате о́тдыха. – "Вме́сте начина́ли би́знес, вме́сте прошли́ че́рез кри́зис. Я не понима́ю... Как он мог?"

Макси́м стоя́л у две́ри, протира́я полоте́нца. Пе́ред глаза́ми всплыва́ла карти́на: оте́ц, учи́вший его́ иску́сству ба́нщика, говори́л о дре́вних тради́циях ба́ни, о дове́рии, о че́стности. "Ба́ня, сыно́к, э́то ме́сто, где все равны́. Здесь олига́рх и дво́рник сидя́т на одно́й по́лке, ды́шат одни́м па́ром. Здесь нет ме́ста лжи."

Приня́в реше́ние, Макси́м подошёл к сле́дователю.

"Вчера́ господи́н Волко́в обсужда́л дета́ли перелёта в Бангко́к. Рейс до́лжен быть сего́дня в час но́чи, че́рез Дуба́й. Он говори́л про но́вый па́спорт и счёт в та́йском ба́нке."

Волко́ва взя́ли пря́мо у сто́йки регистра́ции, с подде́льным па́спортом и ноутбу́ком, где храни́лись докуме́нты о перево́де де́нег. Он да́же не сопротивля́лся, то́лько посмотре́л удивлённо на подъе́хавших операти́вников.

Исто́рия получи́ла неожи́данный резона́нс в делевы́х круга́х. Владе́лец "Золото́го Ве́ника", изве́стный бизнесме́н ста́рой зака́лки, вы́звал Макси́ма к себе́.

"Ты понима́ешь, что нару́шил гла́вное пра́вило ба́ни – конфиденциа́льность?"

"We'd been friends since university," he told the investigator, sitting in the resting room. "Started business together, went through the crisis together. I don't understand... How could he?"

Maxim stood by the door, folding towels. He remembered his father teaching him the art of being a banya attendant, speaking of ancient traditions, trust, and honesty. "The banya, son, is a place where everyone is equal. Here, an oligarch and a janitor sit on the same bench, breathe the same steam. There's no place for lies here."

Having made his decision, Maxim approached the investigator.

"Yesterday, Mr. Volkov discussed flight details to Bangkok. The flight should be today at one AM, through Dubai. He talked about a new passport and an account in a Thai bank."

They caught Volkov right at the check-in counter, with a fake passport and a laptop containing money transfer documents. He didn't even resist, just looked surprised at the approaching officers.

The story gained unexpected resonance in business circles. The owner of the "Golden Broom," a well-known businessman of the old school, summoned Maxim.

"You understand that you broke the main rule of the banya – confidentiality?"

"Понима́ю. Но есть ве́щи важне́е."

"Согла́сен," – неожи́данно улыбну́лся владе́лец. – "И́менно поэ́тому я хочу́ предложи́ть тебе́ до́лжность дире́ктора. Нам нужны́ лю́ди, кото́рые уме́ют отлича́ть конфиденциа́льность от соуча́стия."

Макси́м при́нял предложе́ние, но вы́торговал себе́ пра́во два дня в неде́лю рабо́тать обы́чным ба́нщиком. В конце́ концо́в, не́которые тради́ции сто́ит сохраня́ть. Тепе́рь в "Золото́м Ве́нике" негла́сное пра́вило: все серьёзные перегово́ры запи́сываются на скры́тые диктофо́ны. Для безопа́сности клие́нтов, разуме́ется.

А Со́колов? Он оста́лся постоя́нным клие́нтом ба́ни. Говоря́т, его́ но́вый ста́ртап, постро́енный с нуля́, уже́ привлёк внима́ние кру́пных инве́сторов. Пра́вда, все перегово́ры он тепе́рь прово́дит в официа́льных переговóрных кóмнатах.

"I understand. But some things are more important."

"Agreed," the owner unexpectedly smiled. "That's exactly why I want to offer you the director position. We need people who can distinguish between confidentiality and complicity."

Maxim accepted the offer but negotiated the right to work as a regular banya attendant two days a week. After all, some traditions are worth preserving. Now the "Golden Broom" has an unwritten rule: all serious negotiations are recorded on hidden devices. For client safety, of course.

And Sokolov? He remained a regular client. They say his new startup, built from scratch, has already attracted major investors' attention. Though now he conducts all negotiations in official meeting rooms.

Ночно́й Го́лос

The Night Voice

What happens when a shy teenager finds her voice in the dark? In modern Russia, where social media and podcasting (по́дкаст) are transforming how young people connect, the line between online and offline personas grows increasingly blurred. For many Russian students, school life still follows traditional patterns, with its straight-A students (отли́чницы) and breaks between classes (переме́ны), while nights become a time for deeper connections through technology. Through the phenomenon of late-night broadcasting to night owls (полуно́чники), this story explores how digital spaces are reshaping teenage identity and connection in contemporary Russian society.

Key Vocabulary

- по́дкаст - podcast

- Ночна́я Со́ня - Night Sonya (play on words: со́ня means sleepyhead)

- дона́ты - donations

- звукоизоляцио́нная пане́ль - sound isolation panel

- нау́шники - headphones

- психо́лог - school counselor

- отли́чница - straight-A student

- а́льтер-э́го - alter ego

- социа́льные се́ти - social networks

- ко́нтент - content

- спле́тни - gossip

- ла́йки - likes

- хулига́н - troublemaker

- шко́льный фестива́ль - school festival

- микрофо́н - microphone

- эфи́р - broadcast

- дневна́я жизнь - daytime life (contrasted with ночна́я жизнь)

- однокла́ссники - classmates

Ночно́й Го́лос	The Night Voice	Zhená dóktora
Э́то На́дя. Днём она́ хо́дит в шко́лу. Она́ ти́хая и но́сит очки́.	This is Nadya. During the day, she goes to school. She is quiet and wears glasses.	Éto Nádya. Dnyom oná khódit v shkólu. Oná tíkhaya i nósit ochkí.
Но́чью у На́ди есть секре́т. У неё есть микрофо́н и компью́тер. Она́ де́лает по́дкаст "Ночно́й Го́лос".	At night, Nadya has a secret. She has a microphone and a computer. She makes a podcast "Night Voice."	Nóch'yu u Nád'i yest' sekrét. U neyó yest' mikrofón i komp'yutér. Oná délayet pódkast "Nochnóy Gólos".
Мно́го люде́й слу́шают На́дю но́чью. Они́ не зна́ют, кто она́. Они́ ду́мают, что она́ "Ночна́я Со́ня".	Many people listen to Nadya at night. They don't know who she is. They think she is "Night Sonya."	Mnógo lyudéy slúshayut Nád'yu nóch'yu. Oní ne znáyut, kto oná. Oní dúmayut, chto oná "Nochnáya Sónya".
Лю́ди пи́шут На́де пи́сьма:	People write letters [emails] to Nadya:	Lyúdi píshut Nád'e písma:
Я бою́сь идти́ в шко́лу.	I am afraid to go to school.	Ya boyús' idtí v shkólu.

У меня́ нет друзе́й.	I have no friends.	U mená net druzéy.
Роди́тели меня́ не понима́ют.	My parents don't understand me.	Rodíteli mená ne ponimáyut.
На́дя помога́ет лю́дям. Она́ говори́т до́брые слова́.	Nadya helps people. She says kind words.	Nádya pomogáyet lyudyam. Oná govorít dóbryye slová.
В шко́ле все говоря́т про "Ночно́й Го́лос". Они́ не зна́ют, что э́то На́дя.	At school, everyone talks about "Night Voice." They don't know it's Nadya.	V shkóle vse govoryát pro "Nochnóy Gólos". Oní ne znáyut, chto éto Nádya.
В класс прихо́дит но́вая де́вочка Ли́за. Она́ одна́ и гру́стная. Она́ пи́шет письмо́ в "Ночно́й Го́лос".	A new girl, Liza, comes to class. She is alone and sad. She writes a letter to "Night Voice."	V klass prikhódit nóvaya dévochka Líza. Oná odná i grústnaya. Oná píshet pismó v "Nochnóy Gólos".
На́дя хо́чет помо́чь Ли́зе. Она́ говори́т: "Приве́т, дава́й бу́дем друзья́ми!"	Nadya wants to help Liza. She says: "Hi, let's be friends!"	Nádya khóchet pomóch' Líze. Oná govorít: "Privét, daváy búdem druz'yámi!"

Тепе́рь у На́ди есть подру́га. Ли́за зна́ет её секре́т. Они́ вме́сте де́лают по́дкаст.

Now Nadya has a friend. Liza knows her secret. They make the podcast together.

Tepér' u Nád'i yest' podrúga. Líza znáyet yeyó sekrét. Oní vméste délayut pódkast.

На́дя бо́льше не бои́тся говори́ть в шко́ле. Она́ помога́ет други́м де́тям. Все удивля́ются: "На́дя так измени́лась!"

Nadya is not afraid to speak at school anymore. She helps other children. Everyone is surprised: "Nadya has changed so much!"

Nádya bólshe ne boítsya govorít' v shkóle. Oná pomogáyet drugím détyam. Vse udivlyáyutsya: "Nádya tak izmenílas'!"

Ночно́й Го́лос

The Night Voice

Днём На́дя была́ обы́чной шко́льницей. Ти́хая, в очка́х, она́ сиде́ла на после́дней па́рте и ре́дко поднима́ла ру́ку. Но ка́ждый ве́чер, когда́ го́род засыпа́л, она́ станови́лась други́м челове́ком.

During the day, Nadya was an ordinary schoolgirl. Quiet, wearing glasses, she sat at the back desk and rarely raised her hand. But every evening, when the city fell asleep, she became a different person.

В по́лночь На́дя включа́ла микрофо́н и запуска́ла свой по́дкаст "Ночно́й Го́лос". У неё бы́ло уже́ пять ты́сяч слу́шателей.

At midnight, Nadya turned on her microphone and started her podcast "Night Voice." She already had five thousand listeners.

"Приве́т, полуно́чники!" – говори́ла она́ в микрофо́н. – "Э́то сно́ва я, ва́ша Ночна́я Со́ня. Говори́м о ва́ших пробле́мах и секре́тах."

"Hi, midnight owls!" she said into the microphone. "It's me again, your Night Sonya. Let's talk about your problems and secrets."

Ка́ждую ночь подро́стки писа́ли ей сообще́ния: "Я бою́сь экза́менов…" "Роди́тели не понима́ют меня́…" "Как найти́ друзе́й в но́вой шко́ле?"

Every night teenagers wrote her messages: "I'm afraid of exams…" "My parents don't understand me…" "How do I make friends in a new school?"

На́дя отвеча́ла всем. Её го́лос был до́брым и уве́ренным. Никто́ не знал, что днём она́ сама́ бои́тся отвеча́ть у доски́.	Nadya answered everyone. Her voice was kind and confident. No one knew that during the day she was afraid to speak at the blackboard.
В шко́ле все говори́ли про "Ночно́й Го́лос". Да́же учителя́ слу́шали по́дкаст. "Интере́сно, кто э́та Ночна́я Со́ня?" – спра́шивала На́дина лу́чшая подру́га Ка́тя. "Да, интере́сно..." – улыба́лась На́дя.	At school, everyone talked about "Night Voice." Even teachers listened to the podcast. "I wonder who this Night Sonya is?" asked Nadya's best friend Katya. "Yes, I wonder..." smiled Nadya.
Одна́жды в по́дкаст написа́ла де́вочка с пробле́мой. Она́ была́ но́венькой в шко́ле и чу́вствовала себя́ одино́кой. На́дя узна́ла свою́ но́вую однокла́ссницу Ли́зу.	One day, a girl wrote to the podcast with a problem. She was new at school and felt lonely. Nadya recognized her new classmate Liza.
На сле́дующий день На́дя впервы́е сама́ подошла́ к но́венькой: "Приве́т! Хо́чешь сесть со мной за обе́дом?"	The next day, Nadya approached the new girl for the first time: "Hi! Want to sit with me at lunch?"
Тепе́рь у На́ди была́ но́вая подру́га в реа́льной жи́зни. А "Ночно́й Го́лос" помога́л други́м найти́ свой путь.	Now Nadya had a new friend in real life. And "Night Voice" helped others find their way.

Ночно́й Го́лос
The Night Voice

Шко́льный коридо́р был для На́ди по́лем бо́я, где ка́ждый шаг тре́бовал му́жества. Сли́шком высо́кая для свои́х шестна́дцати, немно́го неуклю́жая, она́ стара́лась быть неви́димой. Но ка́ждую ночь, ро́вно в по́лночь, она́ превраща́лась в "Ночну́ю Со́ню" – са́мого популя́рного подро́сткового подка́стера го́рода.

> The school corridor was a battlefield for Nadya, where every step required courage. Too tall for her sixteen years, somewhat awkward, she tried to be invisible. But every night, exactly at midnight, she transformed into "Night Sonya" – the city's most popular teenage podcaster.

Всё начало́сь полго́да наза́д, когда́ она́ случа́йно нашла́ ста́рый микрофо́н папы́-журнали́ста. Пе́рвый вы́пуск она́ записа́ла дрожа́щим го́лосом, си́дя под одея́лом, что́бы не разбуди́ть роди́телей. Тепе́рь у неё была́ звукоизоляцио́нная пане́ль на стене́ и профессиона́льная аппарату́ра, ку́пленная на пе́рвые дона́ты от благода́рных слу́шателей.

> It all started six months ago when she accidentally found her journalist father's old microphone. She recorded the first episode with a trembling voice, sitting under a blanket to avoid waking her parents. Now she had a sound insulation panel on the wall and professional equipment, bought with the first donations from grateful listeners.

"Приве́т, полуно́чники!" – её го́лос в нау́шниках звуча́л глубоко́ и уве́ренно. – "Сего́дня поговори́м о ма́сках, кото́рые мы но́сим. Почему́ нам ле́гче быть собо́й в интерне́те, чем в реа́льной жи́зни?"

"Hi, midnight owls!" her voice sounded deep and confident in the headphones. "Today we'll talk about the masks we wear. Why is it easier to be ourselves on the internet than in real life?"

Сообще́ния появля́лись одно́ за други́м: "Меня́ тра́вят в шко́ле из-за ве́са..." "Роди́тели заставля́ют поступа́ть в медици́нский, а я хочу́ быть худо́жником..." "Бою́сь сказа́ть лу́чшей подру́ге, что она́ встреча́ется с мои́м бы́вшим..."

Messages appeared one after another: "I'm being bullied at school because of my weight..." "My parents are forcing me to go to medical school, but I want to be an artist..." "I'm afraid to tell my best friend she's dating my ex..."

На́дя отвеча́ла ка́ждому, вплета́я в сове́ты исто́рии из со́бственной жи́зни, то́лько имена́ меня́я. Её го́лос, проника́ющий че́рез нау́шники в со́тни подро́стковых ко́мнат, стал го́лосом понима́ния и подде́ржки.

Nadya responded to everyone, weaving stories from her own life into her advice, just changing the names. Her voice, reaching through headphones into hundreds of teenage rooms, became a voice of understanding and support.

"Зна́ешь," – написа́ла одна́ слу́шательница, – "ты еди́нственная, кто действи́тельно слу́шает."

"You know," wrote one listener, "you're the only one who really listens."

В шко́ле по́дкаст "Ночно́й Го́лос" был гла́вной те́мой обсужде́ния. Все гада́ли, кто скрыва́ется за псевдони́мом Ночна́я Со́ня. Да́же учителя́ иногда́ цити́ровали осо́бенно уда́чные сове́ты на кла́ссных часа́х.

At school, the "Night Voice" podcast was the main topic of discussion. Everyone wondered who was behind the Night Sonya pseudonym. Even teachers sometimes quoted particularly good advice during class meetings.

"Она́ така́я му́драя," – восхища́лась Ка́тя, лу́чшая подру́га На́ди. – "Спо́рим, э́то кто́-то из старшекла́ссников?"

"She's so wise," admired Katya, Nadya's best friend. "Want to bet it's someone from the senior class?"

На́дя то́лько улыба́лась, поправля́я очки́. Она́ не чу́вствовала себя́ му́дрой. Про́сто но́чью, в тишине́ свое́й ко́мнаты, ле́гче бы́ло говори́ть то, что ду́маешь.

Nadya just smiled, adjusting her glasses. She didn't feel wise. It was just easier to say what you think at night, in the quiet of your room.

Одна́жды в по́дкаст написа́ла но́венькая из их кла́сса, Ли́за. Она́ рассказа́ла, как тяжело́ быть но́вой, осо́бенно в выпускно́м кла́ссе, где все дру́жат с пе́рвого кла́сса. На́дя узна́ла по́черк её пробле́м – сама́ че́рез э́то проходи́ла.

One day, Liza, the new girl in their class, wrote to the podcast. She described how hard it was being new, especially in the final year, where everyone had been friends since first grade. Nadya recognized the pattern of her problems – she'd been through it herself.

На сле́дующий день она́ впервы́е нару́шила своё гла́вное пра́вило – анони́мность. По́сле уро́ков она́ догнала́ Ли́зу в шко́льном дворе́.

The next day, she broke her main rule – anonymity – for the first time. After classes, she caught up with Liza in the schoolyard.

“Зна́ешь,” – сказа́ла она́, чу́вствуя, как коло́тится се́рдце, – “иногда́ са́мый просто́й спо́соб найти́ друзе́й – э́то про́сто сказа́ть ‘приве́т’.”

“You know,” she said, feeling her heart pounding, “sometimes the easiest way to make friends is to just say ‘hello.’”

Ли́за удивлённо подняла́ глаза́: “Э́то же… э́то фра́за из вчера́шнего по́дкаста…”

Liza looked up in surprise: “That’s… that’s a phrase from yesterday’s podcast…”

“Да,” – На́дя глубоко́ вздохну́ла. – “Хо́чешь узна́ть, как запи́сывается ночно́е шоу?”

“Yes,” Nadya took a deep breath. “Want to see how the night show is recorded?”

В тот ве́чер Ли́за пришла́ к На́де домо́й. Она́ с восхище́нием разгля́дывала ма́ленькую сту́дию, обору́дованную в углу́ ко́мнаты: микрофо́н на специа́льной сто́йке, ноутбу́к с програ́ммой для за́писи, самоде́льный экра́н из поролóна на стене́.

That evening, Liza came to Nadya’s house. She admiringly examined the small studio set up in the corner of the room: a microphone on a special stand, a laptop with recording software, a homemade foam screen on the wall.

"Не могу́ пове́рить," – шепта́ла Ли́за. – "Я же ка́ждую ночь тебя́ слу́шаю. Ты помогла́ мне пережи́ть пе́рвый ме́сяц в но́вой шко́ле."

"I can't believe it," Liza whispered. "I listen to you every night. You helped me get through my first month at the new school."

"Хо́чешь поуча́ствовать в сего́дняшнем эфи́ре?" – предложи́ла На́дя. – "Расска́жем о том, каково́ быть но́венькой. То́лько и́мя приду́маем друго́е."

"Want to participate in tonight's broadcast?" Nadya suggested. "We'll talk about what it's like being the new kid. We'll just use a different name."

Той но́чью впервы́е в исто́рии "Ночно́го Го́лоса" в эфи́ре звуча́ли два го́лоса. Слу́шатели бы́ли в восто́рге.

That night, for the first time in "Night Voice" history, two voices were on air. Listeners were thrilled.

"А вы настоя́щие подру́ги?" – спра́шивали они́. "Де́лайте бо́льше вы́пусков вдвоём!" "У вас така́я кла́ссная хи́мия в эфи́ре!"

"Are you real friends?" they asked. "Do more episodes together!" "You have such great chemistry on air!"

Постепе́нно что́-то начало́ меня́ться и в шко́льной жи́зни На́ди. Мо́жет быть, де́ло бы́ло в том, что тепе́рь у неё была́ настоя́щая подру́га, кото́рая зна́ла её секре́т. И́ли в том, что успе́х по́дкаста прида́л ей уве́ренности. Она́ начала́ ча́ще выска́зываться на уро́ках, осо́бенно когда́ речь шла о пробле́мах, кото́рые обсужда́лись в её ночны́х эфи́рах.

Gradually, something began to change in Nadya's school life too. Maybe it was because she now had a real friend who knew her secret. Or because the podcast's success gave her confidence. She started speaking up more in class, especially when topics from her night broadcasts came up.

"На́дя так измени́лась," – шепта́лись однокла́ссники. – "Кто бы мог поду́мать, что она́ уме́ет так говори́ть?"

"Nadya has changed so much," classmates whispered. "Who would have thought she could speak like that?"

Одна́жды на уро́к литерату́ры пришла́ шко́льный психо́лог. Они́ обсужда́ли пробле́му тра́вли в шко́лах.

One day, the school psychologist came to their literature class. They were discussing bullying in schools.

"Зна́ете," – вдруг сказа́ла На́дя, поднима́я ру́ку, – "иногда́ лю́дям про́сто ну́жно, что́бы их вы́слушали. Без осужде́ния, без сове́тов. Про́сто вы́слушали."

"You know," Nadya suddenly said, raising her hand, "sometimes people just need someone to listen to them. Without judgment, without advice. Just listen."

Психо́лог удивлённо посмотре́ла на неё: "Э́то о́чень зре́лая мысль. Вы случа́йно не слу́шаете по́дкаст 'Ночно́й Го́лос'? Там была́ похо́жая иде́я."

> The psychologist looked at her in surprise: "That's a very mature thought. Do you happen to listen to the 'Night Voice' podcast? They had a similar idea."

На́дя и Ли́за перегляну́лись и едва́ сдержа́ли смех.

> Nadya and Liza exchanged glances and barely contained their laughter.

К концу́ го́да у "Ночно́го Го́лоса" бы́ло уже́ пятна́дцать ты́сяч подпи́счиков. На́дя получи́ла предложе́ние от молодёжного ра́дио вести́ еженеде́льную програ́мму. Но гла́вное – она́ наконе́ц поняла́, что го́лос, кото́рый помога́л други́м по ноча́м, всегда́ был её настоя́щим го́лосом. Про́сто тепе́рь она́ научи́лась по́льзоваться им и при све́те дня.

> By the end of the year, "Night Voice" had fifteen thousand subscribers. Nadya received an offer from a youth radio station to host a weekly program. But most importantly – she finally understood that the voice that helped others at night had always been her real voice. She had just learned to use it in daylight too.

Ночной Голос

В эпоху социальных сетей тишина стала редким сокровищем. Надя особенно остро чувствовала это в полночь, когда прикрывала дверь своей комнаты и надевала профессиональные наушники. Ночь превращала её уютную спальню в студию подкаста "Ночной Голос", где тысячи подростков находили то, чего им так не хватало днём – возможность быть услышанными.

Внешне история казалась банальной: шестнадцатилетняя школьница, застенчивая отличница в очках, по ночам становится популярным анонимным подкастером. Но за этим простым сюжетом скрывалась более сложная реальность. Надя не просто создавала контент – она строила сообщество, где искренность ценилась больше, чем количество лайков.

"Представьте, что сейчас час ночи, и весь мир спит," – говорила она в микрофон своим фирменным, чуть хрипловатым голосом. – "В такое время стены между нами становятся тоньше. Мы можем говорить о том, о чём молчим днём."

The Night Voice

In the era of social media, silence had become a rare treasure. Nadya felt this especially keenly at midnight, when she closed her room's door and put on professional headphones. Night transformed her cozy bedroom into the studio of "Night Voice" podcast, where thousands of teenagers found what they so desperately lacked during the day – the chance to be heard.

On the surface, the story seemed banal: a sixteen-year-old schoolgirl, a shy straight-A student in glasses, becomes a popular anonymous podcaster at night. But behind this simple plot lay a more complex reality. Nadya wasn't just creating content – she was building a community where sincerity was valued more than the number of likes.

"Imagine it's one in the morning, and the whole world is asleep," she would say into the microphone in her signature, slightly husky voice. "At times like this, the walls between us become thinner. We can talk about what we keep silent about during the day."

И они́ говори́ли. Ка́ждую ночь в чат по́дкаста приходи́ли деся́тки сообще́ний: и́споведи, стра́хи, мечты́. Популя́рная де́вочка признава́лась, что её идеа́льная жизнь в Instagram – всего́ лишь ма́ска, за кото́рой пря́чется одино́чество. Шко́льный хулига́н расска́зывал о роди́телях, кото́рые меся́цами не появля́ются до́ма. Отли́чница дели́лась пани́ческими ата́ками пе́ред экза́менами.

На́дя отвеча́ла ка́ждому, тща́тельно подбира́я слова́. Она́ понима́ла: за ка́ждым сообще́нием стои́т реа́льный челове́к, чья жизнь мо́жет измени́ться от одно́й фра́зы, ска́занной в пра́вильный моме́нт. Возмо́жно, и́менно поэ́тому её по́дкаст так отлича́лся от типи́чных шко́льных шоу с их бесконе́чными шу́тками и спле́тнями.

Днём, в шко́льных коридо́рах, она́ ча́сто слы́шала обсужде́ния своего́ а́льтер-э́го: "Интере́сно, ско́лько ей лет?" "Мо́жет, э́то вообще́ взро́слый психо́лог?" "А вдруг она́ у́чится в на́шей шко́ле?"

Держа́ть две жи́зни отде́льно друг от дру́га станови́лось всё сложне́е. Осо́бенно когда́ Ли́за, но́венькая в их кла́ссе, написа́ла в по́дкаст письмо́, от кото́рого у На́ди перехвати́ло дыха́ние:

And they talked. Every night, dozens of messages came to the podcast chat: confessions, fears, dreams. A popular girl admitted that her perfect Instagram life was just a mask hiding loneliness. A school bully talked about parents who hadn't been home for months. A top student shared her panic attacks before exams.

Nadya responded to everyone, carefully choosing her words. She understood that behind each message was a real person whose life could change from one phrase spoken at the right moment. Perhaps this was why her podcast was so different from typical school shows with their endless jokes and gossip.

During the day, in school corridors, she often heard discussions about her alter ego: "I wonder how old she is?" "Maybe she's actually an adult psychologist?" "What if she studies at our school?"

Keeping two lives separate was becoming increasingly difficult. Especially when Liza, the new girl in their class, wrote a letter to the podcast that took Nadya's breath away:

"Дорога́я Ночна́я Со́ня, я перее́хала в но́вый го́род два ме́сяца наза́д. Ка́ждый день я захожу́ в класс и чу́вствую себя́ при́зраком. Все таки́е дру́жные, у всех свои́ исто́рии и шу́тки. А я… я да́же не зна́ю, как нача́ть разгово́р. По вечера́м слу́шаю твой по́дкаст и представля́ю, что разгова́риваю с подру́гой. Ты еди́нственная, кто зна́ет, как я себя́ чу́вствую."

В ту ночь На́дя впервы́е отошла́ от своего́ обы́чного форма́та. Вме́сто отве́та на ра́зные пи́сьма она́ посвяти́ла весь вы́пуск одно́й те́ме: одино́честву среди́ люде́й.

"Зна́ете," – говори́ла она́, чу́вствуя, как дрожи́т го́лос, – "иногда́ са́мые одино́кие лю́ди – те, кто окружён други́ми. Мы привы́кли пря́таться за экра́нами телефо́нов, за нау́шниками, за роля́ми, кото́рые игра́ем. Но что, е́сли сде́лать шаг навстре́чу? Что, е́сли про́сто сказа́ть: 'Приве́т, я то́же ча́сто чу́вствую себя́ невиди́мкой'?"

Эфи́р име́л неожи́данный эффе́кт. На сле́дующий день в шко́ле На́дя заме́тила, как не́сколько челове́к подошли́ к Ли́зе. Кто́-то предложи́л вме́сте пойти́ на обе́д, кто́-то позва́л на трениро́вку шко́льной кома́нды по волейбо́лу.

"Представля́ешь," – сия́ла Ли́за, подсе́в к На́де на переме́не, – "я вчера́ написа́ла в 'Ночно́й Го́лос', и Со́ня прочита́ла моё письмо́. А сего́дня… тако́е чу́вство, что что́-то измени́лось."

На́дя улыбну́лась, поправля́я очки́: "Мо́жет быть, измени́лась не то́лько ситуа́ция, но и ты сама́?"

"Dear Night Sonya, I moved to a new city two months ago. Every day I walk into class and feel like a ghost. Everyone's so close, they all have their own stories and jokes. And I... I don't even know how to start a conversation. In the evenings, I listen to your podcast and imagine I'm talking to a friend. You're the only one who knows how I feel."

That night, Nadya deviated from her usual format for the first time. Instead of responding to different letters, she dedicated the entire episode to one topic: loneliness among people.

"You know," she said, feeling her voice trembling, "sometimes the loneliest people are those surrounded by others. We've gotten used to hiding behind phone screens, behind headphones, behind the roles we play. But what if we take a step forward? What if we simply say: 'Hi, I often feel invisible too'?"

The broadcast had an unexpected effect. The next day at school, Nadya noticed several people approaching Liza. Someone offered to have lunch together, someone invited her to the school volleyball team practice.

"Can you believe it," Liza beamed, sitting next to Nadya during break, "I wrote to 'Night Voice' yesterday, and Sonya read my letter. And today... it feels like something has changed."

Nadya smiled, adjusting her glasses: "Maybe it's not just the situation that's changed, but you yourself?"

Постепе́нно грани́цы ме́жду дневно́й и ночно́й На́дей на́чали размыва́ться. Она́ ста́ла замеча́ть, как фра́зы из по́дкаста проска́льзывают в её обы́чную речь. Как меня́ется её оса́нка, когда́ она́ отвеча́ет у доски́ – сло́вно говори́т в микрофо́н. Как всё ча́ще однокла́ссники подхо́дят к ней за сове́том.

Кульмина́ция наступи́ла в день шко́льного фестива́ля, когда́ дире́ктор объяви́л ко́нкурс социа́льных прое́ктов. На́дя, впервы́е в жи́зни, подняла́ ру́ку пе́рвой.

"Я хочу́ созда́ть шко́льную слу́жбу психологи́ческой подде́ржки," – сказа́ла она́, чу́вствуя на себе́ удивлённые взгля́ды. – "Анони́мный чат, где старшекла́ссники бу́дут помога́ть мла́дшим. Что́-то вро́де... ночно́го ра́дио, то́лько для на́шей шко́лы."

В наступи́вшей тишине́ она́ услы́шала шёпот Ка́ти: "Говори́т пря́мо как Ночна́я Со́ня..."

Прое́кт победи́л. Тепе́рь у На́ди была́ официа́льная платфо́рма для того́, что она́ уже́ давно́ де́лала неофициа́льно. Но гла́вное – она́ поняла́, что си́ла её го́лоса не в анони́мности, а в и́скренности.

"Зна́ете, что я поняла́?" – сказа́ла она́ в своём после́днем анони́мном вы́пуске. – "Все мы немно́го Ночны́е Со́ни. Все мы пря́чем свои́ настоя́щие голоса́, боя́сь быть непо́нятыми. Но иногда́ доста́точно одного́ челове́ка, кото́рый начнёт говори́ть и́скренне, что́бы и други́е осмеле́ли."

Gradually, the boundaries between day and night Nadya began to blur. She started noticing how phrases from the podcast slipped into her regular speech. How her posture changed when answering at the blackboard – as if speaking into a microphone. How classmates increasingly came to her for advice.

The culmination came on the day of the school festival, when the principal announced a social projects competition. Nadya, for the first time in her life, raised her hand first.

"I want to create a school psychological support service," she said, feeling surprised looks on her. "An anonymous chat where older students will help younger ones. Something like… night radio, but for our school."

In the ensuing silence, she heard Katya whisper: "She talks just like Night Sonya…"

The project won. Now Nadya had an official platform for what she had been doing unofficially for so long. But most importantly – she understood that the power of her voice lay not in anonymity, but in sincerity.

"You know what I've realized?" she said in her last anonymous episode. "We're all a bit like Night Sonya. We all hide our real voices, afraid of being misunderstood. But sometimes it takes just one person speaking sincerely for others to become brave."

На сле́дующий день она́ впервы́е подписа́ла свой по́дкаст настоя́щим и́менем. И обнару́жила, что мир не ру́хнул. Наоборо́т – он стал чуть бо́лее настоя́щим.

The next day, she signed her podcast with her real name for the first time. And discovered that the world didn't collapse. On the contrary – it became a little more real.

Придво́рный фото́граф
The Palace Photographer

Set in the Winter Palace (Зи́мний дворе́ц) during the twilight years of Imperial Russia, this story unfolds in December 1903, when photography was still a novel technology. At this time, the position of court photographer (придво́рный фото́граф) was a prestigious but delicate one, requiring both artistic skill and political discretion. Behind the palace's grand facades and within spaces like the famous Malachite Hall (Малахи́товый зал), court life followed strict hierarchies, from the mighty tsar (царь) himself down through counts (гра́фы) and princes (князья́). But what happens when a photographer's lens captures something it wasn't meant to see? And in a world of imperial secrets, where do one's loyalties truly lie?

Key Vocabulary

- Зи́мний дворе́ц - Winter Palace (main residence of Russian emperors in St. Petersburg)

- гра́ф - count (Russian nobility title)

- кня́зь/княжна́ - prince/princess

- импера́тор/императри́ца - emperor/empress (official titles of the Russian ruler and spouse)

- Рома́новы - the Romanovs (Russian royal dynasty)

- сюрту́к - frock coat (formal menswear in Imperial Russia)

- портье́ра - curtain

- охра́на - guards

- фотографи́ческий аппара́т - camera

- тёмная ко́мната - darkroom

- пра́вить/проя́вить - to develop (photographic process)

- бума́ги - papers, documents

- печа́ть - seal (official stamp of authority)

- вели́чество - Your Majesty (formal address to emperor)

- сюже́т - subject, scene (photography term)

- га́зовый фона́рь - gas lamp

- слу́жба - service (official duty/department)

Придво́рный фото́граф	The Palace Photographer	Pridvórnyy fotógraf
Э́то Никола́й. Он фото́граф. Он рабо́тает в большо́м дворце́. Здесь живёт царь и его́ семья́.	This is Nikolai. He is a photographer. He works in a big palace. The Tsar and his family live here.	Éto Nikoláy. On fotógraf. On rabótayet v bol'shóm dvortsé. Zdes' zhivyót tsar' i yegó sem'yá.
Никола́й ка́ждый день де́лает фотогра́фии. Он фотографи́рует царя́, цари́цу и их дете́й.	Nikolai takes photographs every day. He photographs the Tsar, Tsarina, and their children.	Nikoláy kázhdyy den' délayet fotografíi. On fotografíruyet tsaryá, tsarítsu i ikh detéy.
Одна́жды он ви́дит что́-то стра́нное. Оди́н челове́к, граф Орло́в, берёт ва́жные бума́ги из кабине́та царя́. Никола́й де́лает фотогра́фию.	One day he sees something strange. One man, Count Orlov, takes important papers from the Tsar's office. Nikolai takes a picture.	Odnázhdy on vídit chtó-to stránnoye. Odín chelovék, graf Orlóv, beryót vázhnyye bumági iz kabinetá tsaryá. Nikoláy délayet fotografíyu.
На фотогра́фии ви́дно: граф пря́чет бума́ги. Э́то пло́хо. Э́ти бума́ги – секре́тные.	In the photograph, you can see: the Count is hiding papers. This is bad. These papers are secret.	Na fotografíi vídno: graf pryáchet bumági. Éto plókho. Éti bumági – sekrétnyye.

Russian	English	Transliteration
Никола́й пока́зывает фотогра́фию охра́не дворца́. Охра́на нахо́дит гра́фа. У него́ есть секре́тные бума́ги. Он хо́чет прода́ть их друго́й стране́.	Nikolai shows the photograph to palace security. Security finds the Count. He has secret papers. He wants to sell them to another country.	Nikoláy pokazývayet fotografíyu okhráne dvortsá. Okhrána nakhódit gráfa. U negó yest' sekrétnyye bumági. On khóchet prodát' ikh drugóy strané.
Поли́ция аресту́ет гра́фа. Царь говори́т Никола́ю: "Спаси́бо! Вы хоро́ший фото́граф. Вы помогли́ нам."	The police arrest the Count. The Tsar tells Nikolai: "Thank you! You are a good photographer. You helped us."	Polítsiya arestúyet gráfa. Tsar' govorít Nikoláyu: "Spasíbo! Vy khoróshiy fotógraf. Vy pomoglí nam."
Царь даёт Никола́ю пода́рок – золоты́е часы́. Тепе́рь Никола́й зна́ет: фото́граф до́лжен не то́лько де́лать краси́вые сни́мки, но и помога́ть царю́.	The Tsar gives Nikolai a gift – a gold watch. Now Nikolai knows: a photographer must not only take beautiful pictures but also help the Tsar.	Tsar' dayót Nikoláyu podárok – zolotýye chasý. Tepér' Nikoláy znáyet: fotógraf dólzhen ne tól'ko délat' krasívyye snímki, no i pomogát' tsaryú.

Придво́рный фото́граф	The Palace Photographer
Никола́й Охо́тников был фото́графом в Зи́мнем дворце́. Ка́ждый день он фотографи́ровал ца́рскую семью́ и ва́жные собы́тия.	Nikolai Okhotnikov was a photographer at the Winter Palace. Every day he photographed the royal family and important events.
Была́ зима́ 1903 го́да. В дворце́ гото́вились к большо́му ба́лу. Никола́й заме́тил, что что́-то измени́лось. Слу́ги шепта́лись по угла́м. В коридо́рах появи́лись но́вые лю́ди в дороги́х костю́мах.	It was winter 1903. The palace was preparing for a grand ball. Nikolai noticed that something had changed. Servants whispered in corners. New people in expensive suits appeared in the corridors.
Одна́жды у́тром Никола́й фотографи́ровал дете́й царя́ в зи́мнем саду́. Вдруг его́ ка́мера пойма́ла стра́нное отраже́ние в окне́ – челове́к пря́тал что́-то за ста́туей.	One morning, Nikolai was photographing the Tsar's children in the winter garden. Suddenly his camera caught a strange reflection in the window – a man was hiding something behind a statue.
"Стра́нно," – поду́мал Никола́й. Он прояви́л фотогра́фию в свое́й тёмной ко́мнате. На сни́мке бы́ло ви́дно: челове́к пря́тал бума́ги.	"Strange," thought Nikolai. He developed the photograph in his dark room. In the picture, you could see: the man was hiding papers.

На следующий день во дворце был переполох. Пропали важные документы из кабинета царя. Николай вспомнил про фотографию.

The next day, there was chaos in the palace. Important documents had disappeared from the Tsar's office. Nikolai remembered the photograph.

Он показал снимок начальнику охраны. На фотографии был известный граф Орлов, который часто бывал во дворце. Оказалось, что граф продавал секретные документы иностранцам.

He showed the picture to the head of security. In the photograph was Count Orlov, who often visited the palace. It turned out the Count was selling secret documents to foreigners.

Графа арестовали. А Николай получил особую награду от царя – золотые часы с надписью "За верность".

The Count was arrested. And Nikolai received a special award from the Tsar – a golden watch inscribed "For loyalty."

Теперь он знал: фотограф видит то, что другие не замечают. Его камера стала не просто инструментом, а глазом, который охраняет дворец.

Now he knew: a photographer sees what others don't notice. His camera became not just a tool, but an eye that guards the palace.

Придво́рный фото́граф
The Palace Photographer

Зи́мний дворе́ц гото́вился к Рождеству́ 1903 го́да. Никола́й Охо́тников уста́навливал свой фотографи́ческий аппара́т в Малахи́товом за́ле, где че́рез час должна́ была́ нача́ться съёмка пара́дного портре́та импера́торской семьи́. За о́кнами па́дал густо́й снег, и приходи́лось осо́бенно тща́тельно выставля́ть освеще́ние.

The Winter Palace was preparing for Christmas 1903. Nikolai Okhotnikov was setting up his photographic apparatus in the Malachite Hall, where in an hour he would take a formal portrait of the imperial family. Heavy snow was falling outside, and he had to be especially careful in arranging the lighting.

Никола́й люби́л свою́ рабо́ту. До́лжность придво́рного фото́графа позволя́ла ему́ ви́деть то, что скры́то от други́х: у́тренний чай императри́цы с детьми́, ти́хие прогу́лки царя́ в дворцо́вом саду́, закули́сную жизнь огро́много дворца́. Его́ ка́мера храни́ла со́тни секре́тов.

Nikolai loved his work. The position of court photographer allowed him to see what was hidden from others: the Empress's morning tea with the children, the Tsar's quiet walks in the palace garden, the behind-the-scenes life of the enormous palace. His camera held hundreds of secrets.

В после́днее вре́мя атмосфе́ра во дворце́ измени́лась. Никола́й замеча́л трево́жные зна́ки: шёпот слуг, но́вые охра́нники в коридо́рах, стра́нные го́сти на приёмах. Что́-то назрева́ло.

Lately, the atmosphere in the palace had changed. Nikolai noticed worrying signs: servants' whispers, new guards in the corridors, strange guests at receptions. Something was brewing.

"Господи́н Охо́тников," – окли́кнула его́ вели́кая княжна́ Татья́на, мла́дшая дочь царя́. – "Мо́жно я посмотрю́, как вы уста́навливаете ка́меру?"

"Mr. Okhotnikov," called out Grand Duchess Tatiana, the Tsar's youngest daughter. "May I watch how you set up the camera?"

Никола́й улыбну́лся. Двенадцатиле́тняя княжна́ увлека́лась фотогра́фией и ча́сто проси́ла его́ объясни́ть устро́йство аппара́та.

Nikolai smiled. The twelve-year-old duchess was fascinated by photography and often asked him to explain how the apparatus worked.

Че́рез объекти́в ка́меры он вдруг заме́тил что́-то необы́чное: в зе́ркале отрази́лся граф Орло́в, кото́рый бы́стро пря́тал каки́е-то бума́ги за портье́ру. Никола́й сде́лал вид, что поправля́ет настро́йки, но успе́л нажа́ть на затво́р.

Through the camera's lens, he suddenly noticed something unusual: in the mirror, he saw Count Orlov quickly hiding some papers behind a curtain. Nikolai pretended to adjust settings but managed to press the shutter.

Ве́чером, проявля́я сни́мки в свое́й тёмной ко́мнате, он внима́тельно изучи́л случа́йный кадр. На фотогра́фии чётко видне́лись докуме́нты с импера́торской печа́тью в рука́х гра́фа.

In the evening, developing pictures in his dark room, he carefully studied the accidental shot. The photograph clearly showed documents with the imperial seal in the Count's hands.

На сле́дующий день во дворце́ разрази́лся сканда́л – из кабине́та царя́ пропа́ли секре́тные докуме́нты о вое́нных укрепле́ниях на за́падной грани́це. Никола́й колеба́лся недо́лго. Он отнёс фотогра́фию нача́льнику дворцо́вой охра́ны.

The next day, scandal erupted in the palace – secret documents about military fortifications on the western border had disappeared from the Tsar's office. Nikolai didn't hesitate long. He took the photograph to the head of palace security.

Собы́тия развива́лись стреми́тельно. Граф Орло́в был аресто́ван при попы́тке переда́ть докуме́нты иностра́нному дипло́мату. На допро́се вы́яснилось, что он уже́ не́сколько лет продава́л секре́тные све́дения.

Events unfolded rapidly. Count Orlov was arrested while attempting to pass documents to a foreign diplomat. During interrogation, it was revealed that he had been selling secret information for several years.

"Вы оказа́ли неоцени́мую услу́гу коро́не," – сказа́л царь, вруча́я Никола́ю золоты́е часы́ с гравиро́вкой. – "Настоя́щий фото́граф до́лжен ви́деть бо́льше, чем други́е."

"You have rendered an invaluable service to the crown," said the Tsar, presenting Nikolai with an engraved gold watch. "A true photographer must see more than others."

С тех пор Никола́й стал ещё внима́тельнее присма́триваться к жи́зни дворца́ че́рез объекти́в свое́й ка́меры. Он понима́л: в неспоко́йные времена́ ва́жно не то́лько запечатле́ть исто́рию, но и уме́ть разгляде́ть её та́йные тече́ния.

From then on, Nikolai became even more attentive to palace life through his camera lens. He understood: in troubled times, it was important not only to capture history but also to be able to discern its secret currents.

Придворный фотограф

В декабре 1903 года Санкт-Петербург окутала необычайно ранняя зима. Николай Охотников, придворный фотограф, стоял у окна своей тёмной комнаты в Зимнем дворце, наблюдая, как снежинки кружатся в свете газовых фонарей. На столе остывала проявочная ванночка с последними снимками императорской семьи – очередная серия парадных портретов для рождественских открыток.

Его путь к должности придворного фотографа был неожиданным. Сын простого часовщика, он увлёкся фотографией, когда она ещё считалась диковинкой. Талант и случайная встреча с великим князем Владимиром Александровичем, ценителем нового искусства, открыли ему двери во дворец. Теперь, спустя семь лет, Николай не просто делал снимки – он стал хранителем визуальной летописи последних Романовых.

"Фотография – это не только искусство," – говорил ему старый наставник в Париже. – "Это способ видеть то, что скрыто от обычного взгляда. Камера беспристрастна – она фиксирует всё, даже то, что мы предпочли бы не замечать."

The Palace Photographer

In December 1903, an unusually early winter enveloped St. Petersburg. Nikolai Okhotnikov, the court photographer, stood at the window of his darkroom in the Winter Palace, watching snowflakes dance in the gaslight. On the table, a developing tray cooled with the latest photographs of the imperial family – another series of formal portraits for Christmas cards.

His path to the position of court photographer had been unexpected. The son of a simple watchmaker, he became fascinated with photography when it was still considered a novelty. Talent and a chance meeting with Grand Duke Vladimir Alexandrovich, a connoisseur of the new art form, opened the palace doors to him. Now, seven years later, Nikolai didn't just take pictures – he had become the keeper of a visual chronicle of the last Romanovs.

"Photography is not just art," his old mentor in Paris had told him. "It's a way to see what's hidden from the ordinary eye. The camera is impartial – it captures everything, even what we would prefer not to notice."

В после́дние ме́сяцы э́ти слова́ приобрели́ осо́бый смысл. Чу́ткий объекти́в ка́меры ула́вливал переме́ны, кото́рые, каза́лось, не замеча́л никто́: трево́жные взгля́ды придво́рных, но́вые ли́ца среди́ слуг, стра́нные встре́чи в пусты́нных коридо́рах дворца́. Росси́я стоя́ла на поро́ге переме́н, и да́же вели́чественные сте́ны Зи́мнего дворца́ не могли́ сдержа́ть их приближе́ние.

И́менно поэ́тому Никола́й насторожи́лся, когда́ заме́тил гра́фа Орло́ва, выходя́щего из ли́чной библиоте́ки импера́тора в неуро́чный час. Что́-то в его́ движе́ниях – торопли́вость, несво́йственная обы́чно безупре́чным мане́рам гра́фа – заста́вило фото́графа задержа́ться в коридо́ре, де́лая вид, что он настра́ивает аппара́т.

Че́рез видоиска́тель он уви́дел, как граф укра́дкой доста́л из-под сюртука́ каки́е-то бума́ги и спря́тал их за масси́вной портье́рой. Затво́р щёлкнул беззву́чно – Никола́й давно́ научи́лся рабо́тать так, что́бы не привлека́ть внима́ния.

В свое́й тёмной ко́мнате, где кра́сный фона́рь отбра́сывал причу́дливые те́ни на сте́ны, Никола́й внима́тельно изуча́л проя́вленный сни́мок. На фотобума́ге проступа́ли дета́ли, незаме́тные гла́зу: печа́ть вое́нного министе́рства на уголке́ докуме́нта, кото́рый держа́л граф, напряжённые желваки́ на его́ обы́чно безмяте́жном лице́, и – что осо́бенно трево́жило – отраже́ние в зе́ркале друго́й фигу́ры, чей силуэ́т показа́лся фото́графу знако́мым.

In recent months, these words had taken on special meaning. The sensitive camera lens captured changes that seemingly no one noticed: worried glances of courtiers, new faces among servants, strange meetings in empty palace corridors. Russia stood on the threshold of change, and even the majestic walls of the Winter Palace couldn't contain their approach.

This was why Nikolai grew suspicious when he noticed Count Orlov leaving the emperor's personal library at an unusual hour. Something in his movements – a hastiness uncharacteristic of the Count's usually impeccable manners – made the photographer linger in the corridor, pretending to adjust his apparatus.

Through the viewfinder, he saw the Count secretly remove some papers from under his frock coat and hide them behind a massive curtain. The shutter clicked silently – Nikolai had long learned to work without attracting attention.

In his darkroom, where the red lamp cast bizarre shadows on the walls, Nikolai carefully studied the developed photograph. Details invisible to the naked eye emerged on the photographic paper: the War Ministry's seal on the corner of the document the Count held, the tense jaw muscles on his usually serene face, and – most worryingly – the reflection in the mirror of another figure whose silhouette seemed familiar to the photographer.

Никола́й понима́л, что оказа́лся пе́ред сло́жным вы́бором. При дворе́ существова́ла негла́сная тради́ция: то, что ви́дишь, не всегда́ сле́дует замеча́ть. Бо́лее того́, граф Орло́в был не про́сто влия́тельной фигу́рой – он возглавля́л попечи́тельский сове́т Импера́торского фотографи́ческого о́бщества, чле́нство в кото́ром откры́ло Никола́ю две́ри в вы́сшее о́бщество.

Но была́ и друга́я сторона́ меда́ли. За го́ды слу́жбы фото́граф стал свиде́телем мно́жества ли́чных моме́нтов ца́рской семьи́: как импера́тор учи́л сы́на е́здить на велосипе́де, как императри́ца укра́дкой вытира́ла слёзы, чита́я пи́сьма из до́ма, как вели́кие княжны́ репети́ровали рожде́ственскую пье́су. Э́ти просты́е челове́ческие мгнове́ния создава́ли стра́нное чу́вство соприча́стности и отве́тственности.

"Господи́н Охо́тников!" – зво́нкий го́лос вели́кой княжны́ Татья́ны вы́вел его́ из заду́мчивости. – "Па́па проси́л вас прийти́ в Малахи́товый зал. Там бу́дет осо́бенная съёмка – приезжа́ют кузе́ны из А́нглии."

По доро́ге в зал Никола́й при́нял реше́ние. Он заверну́л сни́мок в пло́тную бума́гу и вложи́л в конве́рт с ли́чной печа́тью импера́тора – осо́бая привиле́гия, даро́ванная ему́ для переда́чи сро́чных фотогра́фий. Нача́льник дворцо́вой охра́ны полу́чит конве́рт че́рез час.

Nikolai understood he faced a difficult choice. At court, there was an unspoken tradition: what you see isn't always what you should notice. Moreover, Count Orlov wasn't just an influential figure – he headed the Board of Trustees of the Imperial Photographic Society, membership in which had opened doors to high society for Nikolai.

But there was another side to the coin. Over years of service, the photographer had witnessed many intimate moments of the royal family: the emperor teaching his son to ride a bicycle, the empress secretly wiping away tears while reading letters from home, the grand duchesses rehearsing their Christmas play. These simple human moments created a strange sense of involvement and responsibility.

"Mr. Okhotnikov!" The bright voice of Grand Duchess Tatiana broke his reverie. "Papa asked you to come to the Malachite Hall. There's going to be a special shoot – cousins are coming from England."

On his way to the hall, Nikolai made his decision. He wrapped the photograph in thick paper and placed it in an envelope with the emperor's personal seal – a special privilege granted to him for delivering urgent photographs. The head of palace security would receive the envelope within an hour.

События развивались стремительно. К вечеру граф Орлов был арестован при попытке передать военные документы атташе германского посольства. При обыске его кабинета обнаружили шифровальную книгу и доказательства многолетней шпионской деятельности.

"Вы понимаете, что теперь ваша жизнь может измениться?" – спросил император, когда Николай явился на следующий день для традиционной утренней съёмки. – "Есть люди, которым не понравится ваша... наблюдательность."

"Ваше Величество," – ответил фотограф, настраивая камеру, – "моя работа – сохранять образы времени. Иногда они оказываются не такими, как нам хотелось бы, но это не делает их менее истинными."

Император задумчиво кивнул. Через неделю Николай получил новый фотоаппарат из Германии и назначение на должность руководителя всей дворцовой фотослужбы. А ещё – небольшой сейф для хранения особо важных снимков.

В последующие годы, наблюдая через объектив своей камеры, как сгущаются тучи над династией Романовых, Николай часто вспоминал тот декабрьский вечер. Его снимки становились не просто фотографиями, а безмолвными свидетелями уходящей эпохи. Некоторые из них он прятал особенно тщательно – не все истории готовы быть рассказанными сразу.

Events unfolded rapidly. By evening, Count Orlov was arrested while attempting to pass military documents to the German embassy's attaché. A search of his office revealed a code book and evidence of years of espionage activities.

"You understand that your life might change now?" the emperor asked when Nikolai appeared the next day for the traditional morning shoot. "There are people who won't appreciate your... observancy."

"Your Majesty," replied the photographer, adjusting his camera, "my job is to preserve images of time. Sometimes they turn out different from what we'd like, but that doesn't make them less true."

The emperor nodded thoughtfully. A week later, Nikolai received a new camera from Germany and an appointment as head of all palace photography services. And also – a small safe for storing particularly important photographs.

In the following years, observing through his camera lens as clouds gathered over the Romanov dynasty, Nikolai often remembered that December evening. His photographs became not just pictures, but silent witnesses to a passing era. Some of them he hid especially carefully – not all stories are ready to be told immediately.

lingualism

Visit our website for information on current and upcoming titles and free
language learning resources.

www.lingualism.com